电子合同
法律应用与发展调研报告

于志刚　王立梅◎主编

DIANZI HETONG
FALÜ YINGYONG YU
FAZHAN DIAOYAN BAOGAO

主　编／于志刚　王立梅
撰稿人／（以姓氏笔画为序）

于志刚　马建军　王天元　王立梅
王洪亮　杜春鹏　杨　东　李　鹏
吴光荣　张扬武　张　彤　张俊熹
张勇博　陈姗姗　郑　莎　宗　恒
赵晶明　钟晓东　姜丽丽　徐明强
郭华明　郭洪伟　袁纪辉　梅　臻
程　序

中国政法大学出版社

2017·北京

图书在版编目（ＣＩＰ）数据

电子合同法律应用与发展调研报告/于志刚，王立梅主编. —北京：中国政法大学出版社,2017.9

ISBN 978-7-5620-7762-6

Ⅰ. ①电…　Ⅱ. ①于…　②王…　Ⅲ. ①电子商务－合同法－研究报告－中国　Ⅳ. ①D923.64

中国版本图书馆CIP数据核字(2017)第224145号

出 版 者	中国政法大学出版社
地　　址	北京市海淀区西土城路 25 号
邮　　箱	fadapress@163.com
网　　址	http://www.cuplpress.com（网络实名：中国政法大学出版社）
电　　话	010-58908435(第一编辑部)　58908334(邮购部)
承　　印	固安华明印业有限公司
开　　本	880mm×1230mm　1/32
印　　张	8.125
字　　数	173 千字
版　　次	2017 年 9 月第 1 版
印　　次	2017 年 9 月第 1 次印刷
印　　数	1～5000 册
定　　价	39.00 元

前 言

  当前的人类社会正在经历一场深刻的变革，信息时代和网络社会早已不是学术分析层面的"未来学"，而是浮现于所有人眼前的全新时代背景和社会结构。从历史经验来看，每一次的社会变革都是以技术为先导的，新技术的广泛应用推动了社会新秩序的形成，进而引发社会科学的革新。正如在封建社会废墟之中兴起的工业社会秩序缔造了现代社会科学，网络社会新秩序的实现也必然要求甚至是逼迫着包括法学、经济学、社会学等全部社会科学再次变革。

  在人类社会模式更替的历史巨变中，传统的社会结构和形态并不会完全被消灭，而是会实现特定的转化。而基于生产力和生产关系这两个社会基本要素之间的传导关系，经济层面的变化总是作为先导出现的。从早期的互联网"虚拟经济"时代，互联网产业的独立快速发展，到当前的"互联网＋"时代中互联网与传统行业的高速融合发展，以信息化、全球化和网络化为特征的全新经济形态已然充分展示了它巨大的现实力量和发展潜力。

  而电子合同，正是这种新经济形态下的自然衍生物，它由传统的纸质合同转化而来，但与纸质合同不同，电子合同与网络社会经济具有天然的契合性。从信息化视角来看，电子合同通过载体的数字化，实现了电子签名和时间戳等信息技术的高度应用，而合同中的信息资源也可以被各相关方高度共享；从全球化视角来看，电子合同的签订突破传统经济合同以固定空间领域为基础的既有形式，电子合同将拥有更广泛的缔约主体和更多样的缔约场景，为跨区域、跨国合同的"全天候"成立、变更、解除提供了可能；从网络化视角来看，电子合同以互联网为传输、存储的渠道和空间，可以充分借助网络的便捷性和无边界性，而网络社会的"点对点"经济形态和劳动个人化的趋势，也需要网络化的电子合同打破时间和空间的阻碍。

当我们憧憬电子合同的美好前景的同时，也应警惕地看到，新的社会经济形态在不断创新的同时，亦在不断冲击着既有秩序和法律体系。将诸如电子合同等新生事物限定在传统的规则体系的范畴之内进行规范，新的经济产业必将牵绊不前，因此，实践中对于新兴产业的规范，往往都是一种"等等看"的惯性思维模式。然而，网络社会的迅猛发展已经远超人类以往的认知，这种"等等看"思维造成了规则和现实的严重脱节。例如，我国当前电子商务蓬勃发展，2017 年上半年仅大陆地区网上零售金额就已经突破 3 万亿元，这背后是数以亿计的电子合同的订立和履行，然而，我国至今仍未能出台专门的规范电子合同的法律法规，因此，新规则和秩序的建立迫在眉睫。从这个角度来看，包括对于电子合同在内的学术研究和规则建构，都显得偏于滞后，因此，在时代更替的背景下，显然更需要社会科学研究的及时更新，总结现实规律，提出新的理论模型，建构新的社会规则体系。

《电子合同法律应用与发展调研报告》的问世既是回应时代需求的学术研究和规则梳理，更是电子合同领域的最新系统性理论成果。本书一方面立足于中国视角，对世界范围内的电子合同应用现状和规则体系进行了全面性梳理；另一方面针对我国电子合同的技术和应用发展趋势，对未来我国电子合同标准化路线提出了系统性方案，而本书的特殊或者说突出学术价值亦集中体现在电子合同的现状分析和未来完善方案两个层面。

从现状分析来看，电子合同是传统合同在网络社会的最新应用和发展，与其他从本体异化的新生事物一样，电子合同本身是一种"破坏性创造"，它虽然延续了传统合同的基本内涵，但同时也打破了传统合同的固有特征。掌握电子合同在实践中的各种应用特征，发现电子合同区别于传统合同的本质属性，显然是建立、缔造电子合同应用新秩序的前提，而本书正是我国对于电子合同现状的最为全面的研究成果，同时鉴于电子合同所具有的全球化应用特性，本书同样将域外的电子合同发展纳入研究视野，更彰显了研究的全面性和严谨性。

从未来完善方案来看，在时代变迁引发的社会现象面前，研究者总是扮演着一个追赶者的角色，然而，"理论是灰色的而生活之树长青"不能作为当代学者懈怠的理由。社会的快速发展，要求学者具有更强的学术敏感性和学术严谨性，从而合理地预测未来发展趋势，进行一定的超前性研究。本书的电子合同完善方案，并非完全基于当前电子合同发展中问题的解决，而是同时关注未来发展中可能衍生的问题，为未来电子合同领域的法律准备提供了完整思路。

值得一提的是，本书的撰写是由中国政法大学电子证据研究中心和中国政法大学网络法研究中心联合发起的，是中国政法大学创设的全国第一个"网络法"法学二级学科力推的成果。两个中心都是中国政法大学内设的专门性研究机构，在各自的研究领域都取得了令人瞩目的丰硕成果，而"网络法"二级学科则是中国政法大学在全国率先设置的、第一个以培养网络法博士生、硕士生和研究网络法学为目的的法学二级学科。两个中心的合作性研究，是以中国政法大学的研究力量为核心，吸收国内外其他高校学者和法律实务部门人员，建构的多元交叉学科研究平台和科研转化平台的积极尝试。本书的高质量完成和顺利出版，亦是高校学者关注重大问题，发挥自身优势，为党和政府科学决策和重要立法提供高质量的智力支持的体现。

我们曾经见证过，肉眼不可见的微观世界向人类敞开大门的原子时代，而现在，不具有实体形态的信息全球流动的比特时代亦向我们走来。历史正在翻页，新的时代带来了没有过往参照系的不确定性，但我们可以确定的是，不能再完全套用过时的昨日观念看待今日世界。因此，在自然科学推动着人类科学技术水平突飞猛进的同时，社会科学同样肩负着对社会结构更替带来的纷繁复杂的全新社会关系进行归纳分析，形成规律性认识和理论，建构与时代发展相匹配的新型社会秩序的历史使命。本书正是学者践行自身历史使命的一个"片段"和"缩影"，期待本书的出版能推动我国电子合同全新秩序和规则的尽快实现，也期待更多的学者能够投入新时代的社会科学更新研究当中，让一个个细小的"片段"和"缩影"汇聚成壮丽的时代篇章。

本书为中国政法大学电子证据青年教师创新团队支持项目。

本书在编写过程中得到了业界的大力支持，深圳法大大网络科技有限公司、北京数字认证股份有限公司向编写组提供了公司实际的应用场景架构，多家咨询公司向编写组提供了调研数据支持，在此一并感谢！

于志刚*
二零一七年八月六日于北京

* 中国政法大学副校长，教育部长江学者特聘教授。

目　录

第一章　概述 …………………………………………… 1

　　第一节　背景 ……………………………………… 1

　　第二节　编写方法 ………………………………… 3

　　第三节　术语和缩略语 …………………………… 3

第二章　国内外电子合同发展概览 ………………… 8

　　第一节　我国电子合同发展生态 ………………… 8

　　第二节　国外电子合同发展现状 ………………… 52

　　第三节　电子合同与新一代信息技术 …………… 82

第三章　我国涉及电子合同的政策、法律法规及案例 …… 123

　　第一节　我国电子合同有关的政策、法律法规

　　　　　　及规范性文件 ………………………… 123

　　第二节　我国电子合同应用判例及分析 ………… 134

　　第三节　电子合同和《电子商务法》 …………… 152

第四章　电子合同的应用场景 …………………… 161

　　第一节　电子合同的应用场景概览 …………… 161

　　第二节　电子合同的争议解决 ………………… 197

第一章

概　述

第一节　背景

一、电子合同的概念及特点

根据《联合国国际贸易法委员会电子商务示范法》，以及澳大利亚、新加坡等国家颁布的电子交易法，结合我国《合同法》《电子合同在线订立流程规范》（征求意见稿）等有关规定，电子合同是当事人之间通过电子信息网络、以电子的形式达成的设立、变更、终止民事权利义务关系的合同。电子合同形式上必须是以电子的方式来订立的，系指平等主体在网络条件下为了实现一定的目的，通过数据电文、电子邮件等形式签订的明确相互权利义务关系的一种电子协议。

电子合同是一种民事法律行为，对缔结合同的各方当事人之权利和义务作出明确的约定，同样要求具备要约和承诺两个要件，在实质上与传统合同是一致的。但是与传统合同相比，其缔约方式和载体有显著不同，主要表现为以下特点：

1. 电子合同的缔约主体具有广泛性与不确定性。在签订传统合同之前，签约主体之间往往已经通过不同形式做过数次协商，对对方的情况和合同内容走向有一定的预见性。电子合同的主体来源范围更加广泛，几乎没有地域上的局限性，而且彼此之间大都互不谋面。这一方面极大地扩展了商机，另一方面又使对交易主体的身份确认以及责任能力认定成为不可绕开的问题。

2. 电子合同的内容主要是通过互联网以数据电文的方式来体现的。传统合同的订立，由当事人通过会面或信函、电报、电话、传真等方式提出要约和作出承诺，最终缔结合同。电子合同的订立，由当事人通过电子数据的传送加以实现，发送电子数据视为要约，回传电子数据即为承诺，这是电子合同区别于传统合同的主要特征。

3. 电子合同的成立、变更和解除均可通过电子化的形式来完成，无需借助传统书面形式。电子合同中，签约主体不可能、也不需要通过传统的亲笔签名的方式来完成合同的成立、变更或解除，而是借由电子签名予以实现的。电子签名既能够证明当事人身份，又能够证明当事人对合同内容的认可。

二、我国电子合同的应用与发展

电子合同比传统的纸质合同具有更好的便捷性和安全性，这主要源于电子数据存储和传输的特点以及可靠电子签名和可信时间戳技术的应用。近十几年来，尤其是最近几年间，在政府、企业等各方的共同推动下，我国的电子合同行业迎来了快速发展，电子合同已然成为"互联网+"时代的典型标志，助力着各行业电子商务的发展。可以预见的是，我国电子合同国内应用市场前景极为广阔，随着互联网的纵深发展及电子合同的广泛应用，线上签约一定会大面积取代传统纸质合同，令在线签约成为一种自然而然的行为习惯，让电子合同渗入更多的互联网应用场景，从而更深入、广泛地发挥电子合同便捷、安全、合规的优势，提升交易效率和交易安全强度。

第二节 编写方法

本报告由中国政法大学电子证据研究中心和中国政法大学网络法研究中心联合发起，完成了总体内容编排和体例设计，组织学界和业界相关理论和实务专家分别撰写，并经过数次讨论、审校，得以最终成型。本报告共由七个部分构成，分别为概述、国内外电子合同发展概览、我国电子合同的政策及立法、电子合同的应用场景、我国电子合同的技术发展、我国电子合同系统标准化路线图、我国电子合同应用反馈，其体系合理、内容翔实，兼顾理论性和实践性，是对我国电子合同应用和发展的全面总结与有效导引。

第三节 术语和缩略语

SaaS：Software – as – a – Service（软件即服务）的简称。

O2O：Online To Offline（线上到线下），是指将线下的商务机会与互联网结合，让互联网成为线下交易的平台。

CA：Certificate Authority，它是证书的签发机构，是负责签发证书、认证证书、管理已颁发证书的机关。

iOS：由苹果公司开发的移动操作系统。

Android：以 Linux 为基础的半开源操作系统，主要用于移动设备，由 Google 和开放手持设备联盟开发与领导。

VISA：VISA 是一个信用卡品牌，由位于美国加利福尼亚州圣弗朗西斯科市的 Visa 国际组织负责经营和管理。

PKI：公钥基础设施 Public Key Infrastructure，是一种遵循标准的利用公钥加密技术为电子商务的开展提供一套安全基础平台的技术和规范。

中国金融认证中心（CFCA）：中国金融认证中心（China Financial Certification Authority）是经中国人民银行和国家信息安全管理机构批准成立的国家级权威安全认证机构，是国家重要的金融信息安全基础设施之一。在《中华人民共和国电子签名法》颁布后，CFCA 成为首批获得电子认证服务许可的电子认证服务机构之一。

ICP：Internet Content Provider，是指在互联网上提供内容服务与提供电子商务的厂商。

ISP：Internet Service Provider，是指互联网服务提供商，即向广大用户综合提供互联网接入业务、信息业务和增值业务的电信运营商。

P2P 网贷：英文全称为"peer to peer lending"，个人对个人（也包含个人对企业）的网络借贷。

在线旅游平台（Online Travel Agent，即 OTA 平台）：指网络平台与旅行社相互融合的在线旅行社。

联合国贸法委（UNCITRAL）：联合国国际贸易法委员会（United Nations Commission on International Trade Law）是联合国系统在国际贸易法领域的核心法律机构。

美国在线（America Online，AOL）：美国最大的因特网服务提供商之一，可提供电子邮件、新闻组、教育和娱乐服务，并支持对因特网访问。

信息技术（Information Technology，IT）：主要用于管理和处理信息所采用的各种技术的总称。

信息和通信技术（Information and Communications Technology，ICT）：是信息技术与通信技术相融合而形成的一个新的概念和技术领域。

文件传输协议（File Transfer Protocol，FTP）：是专门用来传输文件的协议，让用户连接上一个远程计算机，查看其上有哪些文件，然后把文件从远程计算机上拷到本地计算机，或把本地计算机的文件送到远程计算机去。

电子公告板（Bulletin Board System，BBS）：是 Internet 上的一种电子信息服务系统，提供一块公共电子白板，每个用户都可以在上面书写，可发布信息或提出看法。

网络会话（Internet Relay Chat，IRC）：一般称为互联网中继聊天。它是由芬兰人 Jarkko Oikarinen 于 1988 年首创的一种网络聊天协议。

超文本传输协议（Hyper Text Transfer Protocol，HTTP）：用于从 WWW 服务器传输超文本到本地浏览器的传输协议，是一个客户端和服务器端请求和应答的标准。

公钥（Public Key）：与公钥算法一起使用的密钥对的非秘

密一半。

私钥（Private Key）：与公钥算法一起使用的密钥对的秘密一半。

超文本标记语言（Hyper Text Markup Language，HTML）：超文本标记语言是标准通用标记语言下的一个应用，也是一种规范，一种标准。

电子商务（Electronic Commerce）：指利用计算机技术、网络技术和远程通信技术，实现整个商务过程中的电子化、数字化和网络化。

可扩展标记语言（Extensible Markup Language，XML）：是一种用于标记电子文件使其具有结构性的标记语言。

消息摘要算法第五版（Message Digest Algorithm，MD5）：为计算机安全领域广泛使用的一种散列函数，用以提供消息的完整性保护。

虚拟专用网络（Virtual Private Network，VPN）：在公用网络上建立专用网络，进行加密通讯。

在线争议解决方式（Online Dispute Resolution，ODR）：是指运用计算机和网络技术，以替代性争议解决方式（ADR）的形式来解决争议。

时间戳（time–stamp）：一个能表示一份数据在某个特定时间之前已经存在的、完整的、可验证的数据，通常是一个字符序列，唯一地标识某一刻的时间。

HTTPS（HTTP over Secure Socket Layer）协议：是 HTTP 的安全版，确保数据在网络上的传输过程中不会被截取及窃听，满足商业运营的要求。

　　SSL（Secure Socket Layer）：它是数字证书的一种，因为配置在服务器上，所以也成为 SSL 服务器证书。遵守 SSL 协议，由受信任的数字证书颁发机构 CA，在验证服务器身份后颁发，具有服务器身份验证和数据传输加密功能。

第二章
国内外电子合同发展概览

第一节　我国电子合同发展生态

　　第三次工业革命带来了信息的高度发展，人类社会进入了电子商务时代。传统的纸质合同因为签约流程繁琐，签署、保存和管理成本较高，合同签署时间耗时较长等缺陷，已经不能满足电子商务时代签署和保管合同便捷、安全的需求，以电子签名技术为基础的电子合同互联网服务企业应运而生。国家的认可、技术的发展和市场的需求是电子合同得以快速发展的基础。美国是世界上最先以法律形式确定电子签名法律效力的国家，因此提供电子合同服务的互联网企业也最先在美国蓬勃发展起来。虽然我国的《电子签名法》自2005年4月1日起得以施行，但电子签名技术并不为公众所了解，甚至司法界人士对于电子签名也非常陌生。2014年以前，没有企业提供专门的电子合同互联网服务，只有一些IT公司为有需求的企业内部使用电子签名技术提供电子签名系统的构建服务，其服务模式是按照构建系统的复杂程度收取几十万元乃至数百万元的电子签名系统构建费用，包括软件开发和硬件采购的费用，另外 CA 机构会按照电子签名系统所需使用的数字证书的数量收取证书费用，每个证书的费用按照不同类型从几十元到上百元不等。这种高昂的收费方式和使用门槛使绝大多数需求单位望而却步，只有政府机关、国企和银行等机构才会使用电子签名技术。2014 年以后，随着一批采用 SaaS[1] 模式的电子合同签署平台兴起，极大降低了用户对于电子签名技术的使用门槛和使用成本，这类企业按照用户签署电子文件的份数来收取服务费用，改变了传统电子签名公司的盈利模式，电子签名技术也迅速在互联网金融、旅游、电子商务、人力资源、O2O 等互联网平台得到了广泛的应用。另外，电子签名使用门槛的降低也激发了传统企业对 SaaS 模式电子合同服务和电子签名技术的需求。大量传统的制造企业，尤其是大型企业每年需要与其上下游数万家甚至数十万家供应商或合作商签署大量的纸质协议、订单或文件，在确保安全合规的前提下，采用电子合同 SaaS 服务可以为传统企业节约大量的签约和合同管理成本并且可以极大地提高文件签署和管理效率。

一、电子认证机构

（一）电子认证机构介绍

电子认证机构俗称 CA 机构，其承担公钥体系中公钥的合法

---

[1] SaaS 是 Software - as - a - Service（软件即服务）的简称，SaaS 在业内的叫法是"软件运营"，是一种基于互联网提供软件服务的应用模式。为企业搭建信息化所需要的所有网络基础设施及软件、硬件运作平台，并负责所有前期的实施、后期的维护等一系列服务，企业无需购买软硬件、建设机房、招聘 IT 人员，即可通过互联网使用信息系统。

性检验的责任。CA 机构为每个使用公开密钥的客户发放一个数字证书，数字证书的作用是证明证书中列出的客户合法拥有证书中列出的公开密钥。CA 机构的数字签名使得攻击者不能伪造和篡改证书。CA 机构负责产生、分配并管理所有参与网上交易的个体所需的数字证书，因此是安全电子交易的核心。

1. CA 认证的主要工具是 CA 机构为网上作业主体颁发的数字证书。CA 架构包括公钥基础设施（Public Key Infrastructure, PKI）结构，高强度、抗攻击的公开加解密算法，数字签名技术，身份认证技术，运行安全管理技术，可靠的信任责任体系，等等。从业务流程涉及的角色看，包括认证机构、数字证书库和黑名单库、密钥托管处理系统、证书目录服务、证书审批和作废处理系统。从 CA 的层次结构来看，可以分为认证中心（根 CA）、密钥管理中心（KM）、认证下级中心（子 CA）、证书审批中心（RA 中心）、证书审批受理点（RAT）等。CA 机构一般要发布认证体系声明书，向服务的对象郑重声明 CA 的政策、保证安全的措施、服务的范围、服务的质量、承担的责任、操作流程等条款。

根据 PKI 的结构，进行身份认证的实体需要有一对密钥，分别为私钥和公钥。其中的私钥是保密的，公钥是公开的。从原理上讲，不能从公钥推导出私钥，如用穷举法来求私钥，则由于目前的技术、运算工具和时间的限制而不可能。每个实体（即经实名认证的客户）的密钥总是成对出现，即一个公钥必定对应一个私钥。公钥加密的信息必须有对应的私钥才能解密；同样，私钥做出的签名，也只有配对的公钥才能解密。公钥有时用来传输对称密钥，这就是数字信封技术。密钥的管理政策是把公钥和实体绑定，由 CA 机构把实体的信息和实体的公钥制作成数字证书，证书的尾部必须有 CA 机构的数字签名。由于CA 机构的数字签名是不可伪造的，因此实体的数字证书不可伪造。CA 机构对实体的物理身份资格审查通过后，才对申请者颁发数字证书，将实体的身份与数字证书对应起来。由于实体都信任提供第三方服务的 CA 机构，因此，实体可以信任由 CA 机构颁发数字证书的其他实体，放心地在网上进行作业和交易。

2. CA 机构的主要职责是颁发和管理数字证书，其中心任务是颁发数字证书，并履行客户身份认证的责任。CA 机构在安全责任分散、运行安全管理、系统安全、物理安全、数据库安全、人员安全、密钥管理等方面，需要十分严格的政策和规程，要有完善的安全机制。另外，其要有完善的安全审计、运行监控、容灾备份、事故快速反应等实施措施，对身份认证、访问控制、防病毒、防攻击等方面也要有强大的工具支撑。CA 机构的证书审批业务部门则负责对证书申请者进行资格审查，决定是否同意给该申请者发放证书，并承担因审核错误引起的、为不满足资格的证书申请者发放证书所引起的一切后果，因此，它应由能够承担这些责任的机构担任；证书操作部门（Certificate Processor，CP）负责为已授权的申请者制作、发放和管理证书，并承担因操作运营错误所产生的一切后果，包括失密和为没有授权者发放证书等，它可以由审核业务部门自己担任，也可委托给第三方担任。

3. CA 机构是 PKI 体系的核心。它为客户的公开密钥签发公钥证书、发放证书和管理证书，并提供一系列密钥生命周期内的管理服务。它将客户的公钥与客户的名称及其他属性关联起来，为客户的电子身份进行认证。CA 机构是一个具有权威性、可信赖性和公证性的第三方机构，对于电子商务存在和发展具有基础性作用。认证中心在密码管理方面的作用如下：

（1）自身密钥的产生、存储、备份/恢复、归档和销毁。从根 CA 开始到直接给客户发放证书的各层次 CA，都有其自身的密钥对。CA 机构的密钥对一般由硬件加密服务器在机器内直接产生，并存储于加密硬件内，或以一定的加密形式存放于密钥数据库内，加密备份于 IC 卡或其他存储介质中，并以高等级的物理安全措施保护起来。密钥的销毁要以安全的密钥冲写标准，彻底清除原有的密钥痕迹。需要强调的是，根 CA 密钥的安全性至关重要，它的泄露意味着整个公钥信任体系的崩溃，所以根 CA 密钥的保护必须按照最高安全级的保护方式来进行设置和管理。

（2）为认证中心与各地注册审核发放机构的安全加密通信提供安全密钥管理服务。在客户证书的生成与发放过程中，除了有 CA 机构外，还有注册机构、审核机构和发放机构（对于有外部介质的证书）等机构的存在。行业使用范围内的证书，其证书的审批控制，可由独立于 CA 机构的行业审核机构来完成。CA 机构在与各机构进行安全通信时，可采用多种手段。对于使用证书机制的安全通信，各机构（通信端）的密钥产生、发放与管理维护，都可由 CA 机构来完成。

（3）确定客户密钥生命周期，实施密钥吊销和更新管理。每一张客户公钥证书都会有有效期，密钥对生命周期的长短由签发证书的 CA 机构来确定。各 CA 系统的证书有效期限有所不同，一般大约为 2~3 年。密钥更新具体有以下两种情况：一是密钥对到期；二是密钥泄露后需要启用新的密钥对（证书吊销）。密钥对到期时，客户一般事先非常清楚，可以采用重新申请的方式实施更新。

采用证书的公钥吊销，是通过吊销公钥证书来实现的。公钥证书的吊销来自于两个方向：一个是上级的主动吊销，另一个是下级主动申请证书的吊销。当上级 CA 对下级 CA 不能信赖时（如上级发现下级 CA 的私钥有泄露的可能），它可以主动停止下级 CA 公钥证书的合法使用。当客户发现自己的私钥泄露时，也可主动申请公钥证书的吊销，防止其他主体继续使用该公钥来加密重要信息，而使非法主体有窃密的可能。一般而言，在电子商务实际应用中，可能会较少出现私钥泄露的情况，多数情况是由于某个客户因组织变动而调离该单位，需要提前吊销代表企业身份的该主体的证书。

（4）提供密钥生成和分发服务。CA 机构可为客户提供密钥对的生成服务，它采用集中或分布式的方式进行。在集中的情形下，CA 机构可使用硬件加密服务器，为多个客户申请成批的密钥对，生成后采用安全的信道分发给客户。采用分布式的方式时，也可由多个注册机构分布生成客户密钥对并分发给客户。

（5）提供密钥托管和密钥恢复服务。CA 机构可根据客户的要求提供密钥托管服务，备份和管理客户的加密密钥对。当客户需要时可以从密钥库中提出客户的加密密钥对，为客户恢复其加密密钥对，以解开先前加密的信息。这种情形下，CA 机构的密钥管理器，采用对称加密方式对各个客户的私钥进行加密，密钥加密密钥在加密后即销毁，保证了私钥存储的安全性。密钥恢复时，采用相应的密钥恢复模块进行解密，以保证客户的私钥在恢复时没有任何风险和不安全因素。同时，CA机构也应有一套备份库，避免因密钥数据库的意外毁坏而无法恢复客户私钥。

（6）其他密钥生成和管理、密码运算功能。CA机构在自身密钥和客户密钥管理方面的特殊地位和作用，决定了它具有主密钥、多级密钥加密密钥等多种密钥的生成和管理功能。对于为客户提供公钥信任、管理和维护整个电子商务密码体系的CA机构来讲，其密钥管理工作是一项十分复杂的任务，它涉及CA机构自身的各个安全区域和部件、注册审核机构以及客户端的安全和密码管理策略。

（二）电子认证行业概况

电子认证服务业和其他行业一样有着自己的产生背景。20世纪四五十年代以来，新的科技革命使得第三产业迅速发展，最具有时代意义的是电子计算机的迅速发展和广泛运用，其宣告了信息时代的来临。随着个人计算机的普及、互联网覆盖领域的扩大和互联网应用程度的深入，电子商务快速发展，从而突破了传统的时间和空间的限制，进入了全球经济的时代。电子商务逐渐改变着我们的生活，带给我们前所未有的便利，但是因为参与交易的各方通常是互不相见、甚至是互不相识的，所以难以建立彼此之间的信任。网络安全、网络信任体系的不健全大大降低了我们尽情享受互联网的热情，同时也阻滞了电子商务应用在广度和深度方面的拓展。然而矛盾具有普遍性，任何事物都有矛盾的双方，任何问题也都会有解决的办法，电子商务需要有中立的、可靠的、权威的认证机构给予交易各方一个"网上身份证"，一方面用来确认电子商务活动中各方身份的真实性，另一方面通过加密方法来实现网上信息交换的安全，从而确保安全交易。经过世界各国专家、学者的长期的探索、努力和实践证明，电子认证是目前解决网络中安全、信任问题的最重要的手段之一，电子认证服务业应势而生。

电子认证服务机构是经国家有关部门批准许可的第三方认证机构，负责审核用户的身份，在确保用户身份真实的情况下，向用户发放电子签名认证证书，是发放和管理该证书的专业部门，为电子商务等应用提供网上身份认证、电子签名等证书认证安全服务。网络信任体系是以密码技术为基础，以法律法规、技术标准和基础设施为主要内容，以解决网络应用中身份认证、授权管理和责任认定等为目的的完整体系，它是网络环境下各项业务活动有序开展的基础保障。电子认证服务就是利用数字证书技术为电子商务等网络业务提供行为主体的真实身份和控制权限，保证信息资源的真实性和可靠性的第三方服务，是建立网络信任体系的基础和核心。

电子认证服务需要一整套硬件、软件、人、策略和过程来提供服务，是利用公钥理论和技术建立的提供信息安全的服务。公钥体制是目前应用最广泛的一种加密体制，在这一体制中，加密密钥与解密密钥各不相同，发送信息的人利用接收者的公钥发送加密信息，接收者再利用自己专有的私钥进行解密。采用这种方式的作用在于：一是实现了大规模网络中的公钥分发问题；二是保证了信息的机密性和不可抵赖性。目前，公钥体制广泛地用于电子证书认证、电子签名和密钥交换等领域。因为公钥体制使得电子认证服务能实现下述内容：

1. 身份认证。在现实生活中，认证采用的方式通常是两个人事前进行协商，确定一个秘密，然后依据这个秘密进行相互认证。随着网络的扩大和用户的增加，事前协商秘密会变得非常复杂。另外，在大规模网络中，两两进行协商几乎是不可能的，透过一个密钥管理中心来协调也会有很大的困难，而且当网络规模巨大时，密钥管理中心甚至有可能成为网络通信的瓶颈。PKI 通过证书进行认证，认证时对方知道"你就是你"，却无法知道"你为什么是你"。在这里，证书是一个可信的第三方证明，通过它，通信双方可以安全地进行互相认证而不用担心对方会假冒自己。

2. 机密性。通过加密证书，通信双方可以协商一个秘密，而这个秘密可以作为通信加密的密钥。在需要通信时，可以在认证的基础上协商一个密钥。在大规模网络中，特别是在电子政务中，密钥恢复也是密钥管理的一个重要方面，政府绝不希望加密系统被犯罪分子窃取使用。当政府的个别职员背叛或利用加密系统进行反政府活动时，政府可以通过法定的手续解密其通信内容，保护政府的合法权益。PKI 通过良好的密钥恢复能力，提供可信的、可管理的密钥恢复机制。PKI 的普及应用能够保证在全社会范围内提供全面的密钥恢复与管理能力，保证网上活动的健康发展，确保交换数据、电文、信息的隐蔽性。

3. 完整性与不可否认性。完整性与不可否认性是 PKI 提供的最基本的服务。一般来说，完整性也可以通过双方协商一个秘密来解决，但一方有意抵赖时，这种完整性就无法接受第三方的仲裁。PKI 提供的完整性是可以通过第三方仲裁的，而这种可以由第三方进行仲裁的完整性是通信双方都不可否认的。例如，张三发送一个合约给李四，李四可以要求张三进行数字签名，对于签名后的合约，不仅李四可以验证其完整性，其他人也可以验证该合约确实是张三签发的。而所有的人，包括李四，都没有模仿张三签署这个合约的能力。不可否认性就是通过这样的 PKI 数字签名机制提供服务。当法律许可时，因为不可否认性，电子签名可以作为法律依据。例如，1995 年美国犹他州通过了世界上第一部电子签名法——《犹他州数字签名法》，它明确了电子签名的法律效力，认为电子签名符合手写签名的各个要求，并且可在法院诉讼中被接纳为证据，电子合同可以被强制执行，新加坡于 1998 年颁布了《电子交易法》对电子签名进行规定，欧盟于 1999 年制定了《关于建立电子签名共同法律框架的指令》，日本在 2000 年颁布了《电子签名及认证业务的法律》，等等。迄今为止，世界上已有 60 多个国家和地区制定了相关的法律法规来确认电子签名的法律效力。正确使用时，PKI 的安全性应该高于目前使用的纸面图章系统。

（三）世界知名的电子认证服务机构介绍

电子认证服务机构为现代电子商务提供了信任的基础，电子认证机构自身也得到了快速的发展，美国的 VeriSign 公司和加拿大的 Entrust 公司便是电子认证服务业中的领先企业。美国 VeriSign 公司成立于 1995 年，是全球最著名的智能信息基础设施服务提供商，总部位于美国加利福尼亚的山景城，数字证书业务是 VeriSign 公司的核心业务，而信任服务和支付服务是 VeriSign 在数字认证方面的两个主要服务项目。VeriSign 通过其网站 www.verisign.com 以及众多的 ISP 和网站托管公司，向网站、软件开发商和个人提供信任服务，这其中包括签发专门应对网站鉴别和加密的 SSL 服务器证书。其 SSL 证书被 93% 的全球 500 强企业选用，占有 EV SSL 类数字证书的 75% 市场份额。全球前 40 大银行、全球前 50 大电子商务网站中的 47 个网站以及全球范围内超过 50 万个网站选用 VeriSign 公司的 SSL 证书来确保网站信息安全。VeriSign 站点签章标志是互联网上最为可信的标志之一，每天浏览超过 1.5 亿次。VeriSign 的数字信任服务为全球范围内建立起了一个可信的虚拟环境，使任何人在任何地点都能放心地进行数字交易和沟通。VeriSign 通过强大的加密功能和严格的鉴权措施，保护着全世界超过 500 000 台 Web 服务器的安全，包括亚马逊、雅虎购物、美国在线在内的全球众多知名网站均安装了 VeriSign 的 SSL 服务器证书加强网站安全防护。为了扩展自己的服务领域和范围，VeriSign 与 American Express、Checkpoint、Microsoft、RSA 建立了战略合作关系，包括英国、法国、德国、意大利、澳大利亚、巴西、南非、中国、日本、韩国等几十个国家和地区在内的 50 多家数字信任服务提供商加入了 VeriSign 的信任网络。[1]

Entrust Inc. 于 1994 年成立，是一家世界领先的加拿大网络安全高科技公司，于 1998 年在美国 NASDAQ 上市，前身为加拿大北方电讯（Nortel Networks）数据网络安全研发部，公司总部注册于美国德克萨斯州 PLANO，开发中心设在加拿大具有"北方硅谷"之称的 Ottawa 及美国加州硅谷。在美国、加拿大、英国、瑞士、德国、日本和中国均设有分公司或办事处。Entrust 专注于专业的网络安全研究和开发，基于 Internet、Intranet、Extranet 提供业界最完整的安全解决方案。由 Entrust 首创并大力倡

---

〔1〕 数据来源：http://www.verisign.com/，最后访问时间：2017 年 6 月 25 日。

导的 PKI（公共密钥基础设施）已成为行业标准，Entrust 的全球市场占有率高达 40%，为世界之首。中国金融认证中心（CF-CA）为 Entrust 进入中国的第一个大型客户，目前其客户已经延伸到银行、证券、烟草、汽车、电力、商场、大型制造企业等行业。Entrust 提供三大核心安全平台"身份强认证""数据强保护"和"在线防欺诈"中几乎所有的安全解决方案和产品。在行业应用方面，Entrust 一直担任着行业领导者角色，如网上银行整体安全解决方案、企业信息安全整体解决方案、防"钓鱼"解决方案、邮件安全解决方案、企业敏感数据保护解决方案、企业知识产权保护方案、企业内部财务安全解决方案、SAP 安全集成解决方案、全球根数字证书全系列产品以及手机安全方案等。Entrust 在全球的著名客户包括：SWIFT、美国 US 银行、花旗银行、J. P Morgan 银行、中国金融认证中心及各商业银行、欧洲 EGG 银行、欧洲 Lloyds TSB 银行、加拿大皇家银行、美国美林证券、NASA、美国国防部、美国国务院、美国联邦调查局、加拿大、新加坡政府等和大批的电子商务公司，如 Expedia 等。[1]

（四）我国电子认证服务机构的发展

1996 年 7 月，中共中央政治局常委会议专题研究了我国发展商用密码问题，作出了在我国大力发展商用密码和加强对商用密码管理的重大决策。为我国商用密码的发展和管理指明了方向，电子认证和电子认证服务业在利用国外先进经验技术的基础上开始了快速发展。经历了二十多年的发展，截至 2017

---

〔1〕　数据来源：http://www.entrust.com.cn/，最后访问时间：2017 年 6 月 25 日。

年 4 月全国已有 43 家电子认证机构通过了工信部和国家密码管理局的批准，并在我国的各个行业开展着数字证书发放管理、网间数字证书认证应用的业务。总体来说，这些机构为我国信息化的发展，电子商务、电子政务的健康有序发展起到了保驾护航的作用，极大地增强了用户使用网络开展各项业务的信心。

1. 起步阶段。1996 年 7 月，中共中央政治局常委会议专题研究了我国发展商用密码问题，作出了在我国大力发展商用密码和加强对商用密码管理的重大决策。随后，下发了中办发〔1996〕27 号文件，确定了"统一领导、集中管理、定点研制、专控经营、满足使用"的二十字方针，为我国商用密码的发展和管理指明了方向。

2. 泡沫阶段。我国的电子认证服务业从 1999 年起进入疯狂发展的泡沫时代，各地区、各领域、各行业纷纷建立自己的电子认证中心，其中很多电子认证服务机构没有任何国家认证资质，只是在行业和政府部门内部使用。而在发达国家，电子认证服务机构的数量只有几家而已。政府如何对国内现有的 100 多家电子认证服务机构和已发放的数百万张数字证书进行分类管理平稳过渡以及如何规定电子认证服务的法律责任，是社会关注的焦点。只有电子认证服务机构本身安全，其签发的电子签名证书才是安全的，才能保证电子商务和电子政务的安全性。

3. 规范阶段。2003 年 9 月，中办发〔2003〕27 号文件明确提出，要充分发挥密码在保障电子商务安全和保护公民个人信息等方面的重要作用。要建立协调管理机制，规范和加强以身份认证、授权管理、责任认定为主要内容的网络信任体系建设。

基于密码技术的网络信任体系建设，包括密码管理体制、身份认证、授权管理、责任认定，已经成为国家信息安全建设工作的要点。为落实中办发［2003］27号文件精神，国务院信息化工作办公室组织有关专家起草了"国家网络信任体系建设指导意见"等一系列配套文件。

（1）制订行业标准。经国家标准化管理委员会批准，全国信息安全标准化技术委员会于2002年4月15日在北京正式成立。全国信息安全标准化技术委员会（简称信息安全标委会，TC260）为国家标准化管理委员会的直属标委会，负责全国信息安全技术、安全机制、安全服务、安全评估等领域的标准化工作。2004年，根据国标委高新函［2004］1号文件规定，全国信息安全标准化技术委员会负责统一申报信息安全国家标准年度计划项目，并组织国家标准的送审、报批工作。从2004年1月起，各有关部门在申报信息安全国家标准计划项目时，必须经信息安全标委会提出工作意见，协调一致后由信息安全标准化技术委员会组织申报。在标准制定进程中，标准工作组或主要起草单位要与信息安全标准化技术委员会积极合作，并由信息安全标准化技术委员会组织完成国家标准送审、报批工作。

（2）地方制定有关电子认证的管理办法或条例。

《海南省数字证书认证管理试行办法》（现已失效），2001年颁布。

《上海市数字认证管理办法》，2002年11月18日由上海市信息化办公室、上海市国家密码管理委员会办公室、上海市国家保密局发布。

《广东省电子交易条例》（现已失效），2002年12月6日在广东省第九届人民代表大会常务委员会第三十八次会议上通过，自2003年2月1日起施行。

《北京市政务数字证书使用管理办法（试行）》（京信息办函〔2005〕46号），2005年4月1日起施行。

重庆、辽宁、山西等地区也都出台了相关的管理办法或条例。

（3）国家出台相关法律法规。

2000年3月，全国人大的一号议案就提出了电子商务立法。

2001年底，国务院信息化工作办公室着手起草电子签名法，由政策规划组来具体负责。当时的起草单位为外经贸部和信息产业部。

2002年4月，国务院信息化工作办公室向中国电子信息产业发展研究院签发了委托后者研究起草《中华人民共和国电子签章条例（草案)》的任务书。

2004年3月24日，国务院原则通过了《中华人民共和国电子签名法（草案)》，在同年4月6日结束的第十届全国人大常委会第八次会议上以及6月21日举行的第十届全国人大常委会第十次会议上，该法草案两度被提请审议。

2004年8月28日，第十届全国人大常委会第十一次会议表决通过了《中华人民共和国电子签名法》（以下简称《电子签名法》），电子认证行业终于有了明确的法律。这部法律规定，可靠的电子签名与手写签名或者盖章具有同等的法律效力。《电子签名法》对电子认证服务设立了市场准入制度，规定电子认证服务机构从事相关业务,应当向国务院信息产业主管部门提出申请,并提交相关材料。国务院信息产业主管部门接到申请后经依法审查,征求国务院商务主管部门等有关部门的意见后,作出许可或者不予许可的决定。同时,《电子签名法》要求国务院信息产业主管部门制定电子认证服务业的具体管理办法,对电子认证服务提供者依法实施监督管理,从而明确了电子认证服务业的主管部门,信息产业主管部门将对行业管理出台具体的办法。《电子签名法》于2005年4月1日起施行,2015年4月24日进行了修订。与《电子签名法》相配套的,还有2005年4月1日实施的由信息产业部颁布的《电子认证服务管理办法》(之后,该办法经2009年2月4日中华人民共和国工业和信息化部第6次部务会议审议通过,自2009年3月31日起施行。原中华人民共和国信息产业部2005年2月8日发布的《电子认证服务管理办法》[中华人民共和国信息产业部令第35号]同时废止)和国家密码管理局制定的《电子认证服务密码管理办法》(修订后的《电子认证服务密码管理办法》,自2009年12月1日起施行。2005年3月31日国家密码管理局发布的《电子认证服务密码管理办法》同时废止)。《电子认证服务管理办法》主要是规范电子认证服务行为,对电子认证服务提供者实施监督管理;《电子认证服务密码管理办法》主要是规范和管理电子认证服务提供者使用密码的行为。为配合两个管理办法的实施,信息产业部电子认证服务管理办公室于2005年4月编制了《电子认证业务规则规范(试行)》,国家密码管理局发布了《证书认证系统密码及其相关安全技术规范》。前者用来规范电子认证业务规则的基本框架、主要内容和编写格式,后者用来规范证书认证服务系统的需求、设计、检测、运行管理和互操作。

（五）我国关于电子认证服务资质的规定

1. 《电子签名法》第 17 条规定，提供电子认证服务，应当具备下列条件：

（1）取得企业法人资格。

（2）具有与提供电子认证服务相适应的专业技术人员和管理人员。

（3）具有与提供电子认证服务相适应的资金和经营场所。

（4）具有符合国家安全标准的技术和设备。

（5）具有国家密码管理机构同意使用密码的证明文件。

（6）法律、行政法规规定的其他条件。

2. 《电子认证服务管理办法》第 5 条规定，电子认证服务机构应当具备以下条件：

（1）具有独立的企业法人资格。

（2）具有与提供电子认证服务相适应的人员。从事电子认证服务的专业技术人员、运营管理人员、安全管理人员和客户服务人员不少于 30 名，并且应当符合相应岗位技能要求。

（3）注册资金不低于人民币 3000 万元。

（4）具有固定的经营场所和满足电子认证服务要求的物理环境。

（5）具有符合国家有关安全标准的技术和设备。

（6）具有国家密码管理机构同意使用密码的证明文件。

（7）法律、行政法规规定的其他条件。

3. 国家工信部规定，申请电子认证服务许可，必须提交下列材料：

（1）电子认证服务行政许可申请表。

（2）企业法人资格证明（企业法人营业执照副本及复印件）。

（3）人员证明（企业的专业技术人员、运营管理人员、安全管理人员和客户管理人员聘用合同复印件）。

（4）经营场所证明（经营场所产权证明文件复印件或有效的房屋租赁协议复印件）。

（5）国家有关认证检测机构出具的技术、设备、物理环境符合国家有关安全标准的凭证，包括下列资料：

第一，有关安全设备和认证系统在有效期内的经安全认证和准予销售的凭证复印件。

第二，技术体系审查报告的复印件。

第三，消防工程、核心屏蔽机房、运营机房经主管部门或国家认可的检测机构验收报告复印件。

（6）申请单位公司章程复印件。

（7）国家密码管理机构同意使用密码的证明文件。

（8）申请单位拟实施的电子认证业务规则。

（9）申请单位认为有必要提供的其他材料。

4. 工信部审查流程。工业和信息化部对提交的申请材料进行形式审查，申请材料齐全、符合法定形式的，应当向申请人出具受理通知书；申请材料不齐全或者不符合法定形式的，应当当场或者在 5 日内一次告知申请人需要补正的全部内容。工业和信息化部对决定受理的申请材料进行实质审查，需要对有关内容进行核实的，指派 2 名以上工作人员对电子认证服务机构进行实地核查。工业和信息化部对与申请人有关事项书面征求中华人民共和国商务部等有关部门的意见。工业和信息化部应当自接到申请之日起45日内作出准予许可或者不予许可的书面决定,不予许可的,应当书面通知申请人并说明理由;准予许可的,颁发《电子认证服务许可证》,并公布以下信息:《电子认证服务许可证》编号;电子认证服务机构名称;发证机关和发证日期。电子认证服务许可相关信息发生变更的,工业和信息化部应当及时公布。《电子认证服务许可证》的有效期为5年,《电子认证服务许可证》的有效期届满需要延续的,电子认证服务机构应当在许可证有效期届满30日前向工业和信息化部申请办理延续手续。

目前我国获得《电子认证服务许可证》的电子认证服务机构有43家,这些机构已被公布在工信部的官网上,具体见下表:

表2-1　已获得许可证的电子认证服务机构

	公司名称	所在省份	许可证号	批准日期
1	山东省数字证书认证管理有限公司	山东	ECP37010215001	2005/08/19
2	中金金融认证中心有限公司	北京	ECP11010415002	2005/08/19
3	北京天威诚信电子商务服务有限公司	北京	ECP11010815003	2005/08/19
4	陕西省数字证书认证中心股份有限公司	陕西	ECP61011315004	2005/08/19

续表

	公司名称	所在省份	许可证号	批准日期
5	吉林省安信电子认证服务有限公司	吉林	ECP22010415005	2005/08/19
6	广东省电子商务认证有限公司	广东	ECP44010615006	2005/09/06
7	数安时代科技股份有限公司	广东	ECP44010215007	2005/09/06
8	上海市数字证书认证中心有限公司	上海	ECP31011515008	2005/09/23
9	北京数字认证股份有限公司	北京	ECP11010815009	2005/10/19
10	辽宁数字证书认证管理有限公司	辽宁	ECP21010215010	2005/11/15
11	湖北省数字证书认证管理中心有限公司	湖北	ECP42010615011	2005/11/15
12	颐信科技有限公司	北京	ECP11010815012	2005/11/15
13	江苏省电子商务服务中心有限责任公司	江苏	ECP32010615013	2005/12/26
14	东方中讯数字证书认证有限公司	重庆	ECP50010815014	2005/12/26
15	浙江省数字安全证书管理有限公司	浙江	ECP33010315015	2005/12/26

续表

	公司名称	所在省份	许可证号	批准日期
16	福建省数字安全证书管理有限公司	福建	ECP35010516016	2006/01/23
17	新疆数字证书认证中心（有限公司）	新疆	ECP65010216017	2006/01/23
18	河南省数字证书有限责任公司	河南	ECP41010211018	2006/05/24
19	北京国富安电子商务安全认证有限公司	北京	ECP11011516019	2006/05/24
20	安徽省电子认证管理中心有限责任公司	安徽	ECP34011111020	2006/10/16
21	河北省电子认证有限公司	河北	ECP13010111021	2006/11/17
22	西部安全认证中心有限责任公司	宁夏	ECP64010112022	2007/02/12
23	山西省数字证书认证中心（有限公司）	山西	ECP14010012024	2007/08/27
24	深圳市电子商务安全证书管理有限公司	广东	ECP44030112025	2007/10/08
25	江西省数字证书有限公司	江西	ECP36000013027	2008/03/11
26	中网威信电子安全服务有限公司	北京	ECP11030213028	2008/03/11

续表

	公司名称	所在省份	许可证号	批准日期
27	北京中认环宇信息安全技术有限公司	北京	ECP11010514029	2009/01/23
28	湖南省数字认证服务中心有限公司	湖南	ECP43000014030	2009/01/23
29	中铁信弘远（北京）软件科技责任有限公司	北京	ECP11010815031	2010/12/23
30	卓望数码技术（深圳）有限公司	广东	ECP44030111032	2011/10/10
31	河南省信息化发展有限公司	河南	ECP41010512033	2012/03/07
32	东方新诚信数字认证中心有限公司	湖南	ECP43010412034	2012/10/19
33	广西壮族自治区数字证书认证中心有限公司	广西	ECP45010313035	2013/09/03
34	深圳市沃通电子认证服务有限公司	广东	ECP44030514036	2014/03/14
35	贵州省电子证书有限公司	贵州	ECP52010314037	2014/07/30
36	云南省数字证书认证中心有限公司	云南	ECP53010214038	2014/07/30
37	北京世纪速码信息科技有限公司	北京	ECP11010815039	2015/03/10

	公司名称	所在省份	许可证号	批准日期
38	山东云海安全认证服务有限公司	山东	ECP37011216040	2016/06/22
39	内蒙古网信电子认证有限责任公司	内蒙古	ECP15010216041	2016/06/22
40	直通云数据安全技术有限公司	湖南	ECP43010016042	2016/07/11
41	四川省数字证书认证管理中心有限公司	四川	ECP51010016043	2016/09/12
42	黑龙江省数字证书认证有限公司	黑龙江	ECP23011016044	2016/10/27
43	天津市滨海数字认证有限公司	天津	ECP12011617045	2017/03/15

借鉴国外与电子认证服务相关的法律规定以及国外在电子认证领域的先进技术，并结合我国的国情不断创新发展，中国的电子认证服务将会在规范化道路上更进一步。

二、关注电子合同行业的投资机构

（一）海外投资情况

海外市场的电子签名/合同的创业公司集中在北美，早在1992年，加拿大蒙特利尔 eSignLive 开始提供类似电子签名/合同的服务。但资本方开始重点关注这个市场，则是在2000年左右的事情。

其中标志性的投资事件为，eSignLive 于 2000 年 9 月获得

Lehman Brothers 领投的 1100 万美元 B 轮投资。随后的几年，成立于 2003 年的 DocuSign 和成立于 2005 年 EchoSign 等电子签名/合同类初创公司，成为风险资本的宠儿。

2011 年 7 月，美国知名软件开发商 Adobe 宣布收购电子签名创业公司 EchoSign。2014 年 10 月，RightVentures 在官方 Blog 上宣布，其被 Citrix Systems 收购。2015 年 10 月，eSignLive 宣布被 VASCO 以 8500 万美元收购。DocuSign 则在 2015 年的 F 轮融资后，达到 30 亿美金的估值，成为名副其实的"独角兽"公司。这一年，电子签名/合同的投资和并购达到一个历史小高潮，市场格局基本确立。

表 2-2　海外市场投资情况一览表

公司名称	地点	成立时间	阶段	融资情况
eSignLive	加拿大·蒙特利尔	1992 年	并购	eSignLive 分别于 2000 年 9 月和 2008 年 4 月获两轮风险投资，共计 1450 万美元； 2015 年 10 月 6 日宣布被 VASCO 以 8500 万美元收购。
RPost	美国·洛杉矶	2000 年	A 轮	RPost 于 2009 年获得 Neal Rapoport 的种子轮投资； 2012 年 3 月获得 267 万美元投资； 2014 年 10 月获得 316 万美元投资。

续表

公司名称	地点	成立时间	阶段	融资情况
SIGNiX	美国·查特努加	2002 年	A 轮	SIGNiX 在 2010 年到 2013 年获得 4 笔种子轮投资，共计 200 余万美元；2016 年 1 月获得 545 万 A 轮投资，同年 8 月再次获得 645 万美元投资，投资方为 Launch Tennessee。
DocuSign	美国·旧金山	2003 年	F 轮	截至 2015 年 5 月，DocuSign 陆续获得来自 Google、SAP、微软、Salesforce、KPCB、Accel Partners、BainCapital、英特尔和三星等多家风投机构超过 5 亿美元的融资，最新的估值为 30 亿美元。
EchoSign	美国·帕罗奥图	2005 年	并购	2005 年 10 月获 250 万美元 A 轮投资，由 Storm Ventures 投资；2007 年 10 月，EchoSign 获得 Emergence Capital Partners 600 万美元的 B 轮投资；2011 年 7 月 18 日，美国知名软件开发商 Adobe 宣布收购电子签名创业公司 Echo-Sign，未透露具体金额。

续表

公司名称	地点	成立时间	阶段	融资情况
Right Signature	美国·圣巴拉拉	2009 年	并购	2014 年 10 月，RightVentures 在官方 Blog 上宣布，其被 Citrix Systems 收购。
SignNow	美国·加州新港滩	2010 年	种子轮	2011 年 3 月，从天使投资人处获得 50 万美元种子轮投资。
SignEasy	美国·旧金山	2010 年	种子轮	2013 年 7 月，SignEasy 获得微软加速器种子轮投资。
HelloSign	美国·旧金山	2011 年	A 轮	HelloSign 于 2013 年 7 月获得 A 轮投资，投资者为 Semil Shah，Webb Investment Network，未透露具体金额。
PandaDoc	美国·旧金山	2011 年	A 轮	PandaDoc 于 2013 年和 2014 年分别获得两笔天使投资，金额为 65.5 万美元和 40 万美元；2015 年 7 月，PandaDoc 宣布获得 500 万美元 A 轮融资，投资方为 Altos Ventures、TMT Investments 等。

（二）国内投资情况

电子签名/合同类公司在国内的发展及资本关注的时间要晚

于海外市场。据公开报道及企业公开信息了解，中国国内一级市场风险投资机构从 2015 年关注电子签名/合同的创业企业，当年 2 月深圳法大大网络科技有限公司（以下简称法大大）获得上海复励投资 400 万人民币天使轮，是中国电子合同/签名公有云领域的第一笔风险投资。

2015 年国内风险投资市场共发生 6 起投资事件，4 家在电子签名/合同领域创业的企业共获得 8530 万人民币。2016 年达到一个小高潮，发生 11 起投资事件，共投资 20 567 万人民币，共 10 家创业企业获得投资。

市场也陆续出现了一些新企业，获得天使轮投资，典型公司包括文签（杭州文签网络技术有限公司），获得融资为 1500 万元人民币，参与的投资方为北极光领投，浙大网新、创业邦等跟投。传统 CA 公司也参与进公有云服务的市场里来，如 CF-CA、北京 CA、天威诚信等。

另外，上市公司也参与进投资事件来，如专业研发协同 OA 管理软件的上海泛微软件有限公司，通过旗下的创投公司——点甲创投，投资"契约锁"（上海亘岩网络科技有限公司）900 万元人民币，用于发展为企业和个人用户提供电子签约和存证服务的 SaaS 平台。

三、国内电子合同

表 2 - 3　国内电子合同服务商融资情况

公司名称	成立时间	地点	融资时间	轮次	融资金额	投资方
法大大	2014 - 11	深圳	2015 - 02 - 28	天使轮	400 万	复励投资
			2015 - 09 - 07	A 轮	1500 万	信天创投，复励投资
			2016 - 12 - 20	A + 轮	数千万	信天创投，和盟创投
			2016 - 01 - 11	B 轮	6000 万	伯藜创投，和盟创投，博将资本，一方集团
上上签	2014 - 08	杭州	2015 - 08 - 01	Pre - A	700 万	经纬中国
			2015 - 11 - 01	A 轮	2930 万	DCM、经纬中国
			2016 - 08 - 01	A + 轮	2707 万	顺为、WPS、DCM、经纬中国
e 签宝	2002 - 12	杭州	2015 - 12 - 21	Pre - A	1000 万	绩优投资、集素资本
			2016 - 01 - 01	A 轮	4500 万	东方富海、清控银杏

续表

公司名称	成立时间	地点	融资时间	轮次	融资金额	投资方
中国云签	2011 - 09	南京	2014 - 04 - 30	种子轮	3000 万	团队自筹
			2015 - 09 - 15	A 轮	2000 万	汉优资本
安证通/一签通	2003 - 11	北京	2015 - 05	A 轮	1530 万	启赋资本领投
众签	2013 - 12	北京	2017 - 02 - 27	Pre - A 轮	1000 万	点亮资本领投,分布式资本、启迪创投、百咖创投等跟投
契约锁	2016 - 02	上海	2016 - 10 - 10	天使轮	900 万	点甲创投(泛微网络旗下创投)
文签	2015 - 10	杭州	2016 - 03 - 08	天使轮	1500 万	北极光领投,浙大网新、创业邦、彭政纲(恒生电子)等
易保全	2014 - 04	重庆	2016 - 03 - 01	天使轮	1000 万	易一天使
1 号签	2015 - 07	北京	2016 - 09 - 01	天使轮	600 万	常州元隆投资管理咨询有限公司

续表

公司名称	成立时间	地点	融资时间	轮次	融资金额	投资方
云合同	2014 – 05	杭州	2016 – 03 – 21		555.56万	杭州余杭产业基金有限公司
领签	2016 – 01	深圳	2016 – 03 – 01	种子轮	数十万	PreAngel
			2016 – 06 – 16	天使轮	数百万	BWVC 泽厚资本
快签科技	2015 – 03	北京	2015 – 12 – 01	天使轮	未披露	六禾创投
画个押	2011 – 12	北京	N/A	N/A	N/A	N/A
安心签	2013 – 04	北京	N/A	N/A	N/A	N/A
可信签	2015 – 10	北京	N/A	N/A	N/A	N/A
君子签	2016 – 04	重庆	N/A	N/A	N/A	N/A
诚信签	2016 – 05	深圳	N/A	N/A	N/A	N/A

（数据来源：信天创投）

1. 信天创投。信天创投创立于 2014 年，是致力于挖掘互联网早期优质项目的专业投资机构，投资阶段集中在天使轮到 A 轮，专注于互联网金融、企业服务、人工智能等领域，目前管理规模超过 4 亿人民币。信天创投秉承着信天翁的精神，希冀在胆战心惊、暴风不息的市场上奋力一搏，在风平浪静中蓄力寻找机会，寻找到有相同信仰的创业者，在新的互联网十年来临的时候，和创业者共同站在互联网浪潮之巅。

信天创投的管理团队在互联网及投资行业有着丰富的经验，合伙人张俊熹女士是清华大学五道口金融学院（原中国人民银行研究生部）金融学硕士，曾任淡马锡控股早期投资基金祥峰投资的投资总监，成功投资了91无线、小雨伞保险、物银通、乐泡科技、梧桐理财、学无国界、Acton等优秀企业。合伙人蒋宇捷先生硕士毕业于西安交通大学，曾担任傲游、腾讯、百度等知名互联网企业的技术部门负责人，管理过多个大型产品技术团队，也曾经是百度魔图的联合创始人及CTO，公司在2011年被百度成功收购。蒋宇捷先生的投资案例包括美味不用等、法大大、闪电报销、水岩科技、拼豆夜宵等，并获得了华兴资本2016 VC投资人年度影响力榜单"年度最佳跨界投资人"、猎云网"年度最佳新锐投资人"、一见"TOP10新锐投资人奖"、以太"2016年度卓越投资人"等诸多荣誉。

信天创投期待凭借管理团队长期在互联网行业的投资经验以及基金出资人丰富的综合资源能力，成为早期创业团队最值得信赖的伙伴。[1]

2. 和盟创投。和盟创投依托和盟集团在产业、管理等方面的资源，秉承价值投资理念，投资那些真正为社会创造价值、具备高速成长能力的企业，并积极为被投资企业提供增值服务。和盟创投旗下分别有互联网基金、医疗生物基金、PE股权投资三个板块。

互联网基金成立于2016年，以A轮投资为主，聚焦于金融科技和企业服务领域。基金近两年的投资案例包括：现金卡、

---

〔1〕 数据来源：信天创投。

杭银消费金融、法大大、企企通、文沥信息、钱到到、创泰科技、释码大华、FlowerPlus、云 space 等数十个项目。

医疗生物基金成立于 2015 年，以 Pre－A 轮投资为主，重点投资医疗诊断、医疗器械、移动医疗、制药、生物技术等领域。基金已投案例包括融智生物、苏州奥芮济、宁波频泰、承启生物等。

和盟集团 PE 股权投资始于 2002 年，拥有资深的 PE 投资专家和丰富的项目经验。在十多年中，公司先后投资了杭州银行（600926）、长城影视（002071）、众泰汽车（000980）、洲际油气（600759）、浩瀚深度（833175）、运达风电等一系列 PE 项目。在获得丰厚回报的同时，也和各大 PE 股权投资公司、上市公司建立了长期紧密的战略合作关系。例如，公司与杭州银行一起，发起成立了杭银消费金融公司；公司与合作伙伴共同发起了深圳力合、北京点盛等多个创投基金。[1]

3. 复励投资。复励投资成立于 2014 年，其专注于创业投资、产业投资、上市公司战略投资和并购、投资/并购大数据、大文化、TMT 等领域中具有高增长潜力的企业。在"复源春华，励新图志"的企业理念和"合作、分享、共赢"的发展宗旨下，公司通过建立规范的投资管理操作流程和完善的风险控制体系，专注于细分领域领航企业的价值发现、价值提升、价值实现，坚持"安全第一、精品战略"的投资观，坚定不移地秉承"价值观—创造—价值""研究—驱动—投资（RDP）"的投资理念，做企业家和投资人值得信赖的长期合作伙伴，在帮助企业成长

---

[1]　数据来源：和盟创设。

的过程中，获得优异的经济效益和社会效益。其投资团队拥有多元化的各类专家，团队成员均毕业于国内外著名高校、商学院，包括上市公司企业家、投资专家和行业专家。同时，公司还坚持"专业化，职业化，精英化、精细化"的人才管理理念，吸纳的精英团队在金融、管理、法律、财务等领域具备丰富的管理经验。目前复励投资管理的基金共有 8 支，包括德清复励基金、上海复励隽华基金、宁波复励富华基金、宁波复晟基金、宁波复通基金、宁波复迪基金，管理基金总规模超过 5 亿，其中多家被投企业成功在新三板挂牌，部分被投企业拟 IPO 中。[1]

4. 伯藜创投。伯藜创投成立于 2014 年初，是独立运作的创投管理顾问公司。伯藜创投拥有经验丰富的团队，其中管理合伙人秦志勇先生拥有 15 年以上在私募股权投资、管理咨询和企业高级管理方面的从业经验。伯藜创投致力于支持有志于企业成功的优秀企业家，寻找拥有高度竞争力及发展潜力的企业，帮助被投资企业更好地长久经营与发展。伯藜创投的投资组合包括法大大、柳橙网、米雅科技、飞猪科技等。[2]

5. 博将资本。博将资本是一家拥有投资银行、国际财富管理中心、全球金融资产交易平台三大业务板块的全球化金融服务机构，成立 12 年来，博将资产管理规模已超过 10 亿美元和 65 亿人民币。

博将投资的领域以大数据、企业服务、人工智能为主，近三年来在各领域投资的公司有达闼科技、尖叫科技、阅面科技、法大大、稀湾科技、海水淡化、天下房仓、悟空租车、Robot x

---

〔1〕 数据来源：复励投资。
〔2〕 数据来源：伯藜创设。

space 等，而达闼科技被称为"人工智能领域的谷歌"。

博将资本在投资国内一些优秀项目的同时，也把目光放在海外，目前在硅谷、洛杉矶、波士顿等地设立了分支机构，并发行了美元基金。博将在海外投资的项目包括 Naya Health、Overnest、carknow、newgen、RL、Gopackup 等一系列高科技技术企业。博将资本希望整合美国的高精尖技术和国内广阔的商业市场，孵化出一批有既有经济效益又为社会创造价值的公司。[1]

6. 一方投资。大连一方集团旗下的一方投资有限公司，曾参与万达商业地产、万达电影院线、传奇影业、盈方体育、百年人寿、江中集团、大连银行等大型投融资及并购项目，同时投资有商帆科技、胜利联盟、星雅航空、银河文化、奇树有鱼、雅乐时空等成长型企业，致力于投后的资源整合与增值服务，助力持股企业成长，共创价值。[2]

四、监管机构

（一）工信部

1. ICP 许可。国家对提供互联网信息服务的经营性 ICP 实行许可证制度（经营性 ICP 主要是指利用网上广告、代制作网页、出租服务器内存空间、主机托管、有偿提供特定信息内容、电子商务及其他网上应用服务等方式获得收入的 ICP）。ICP 经营许可证由各省市通信管理局颁发，由工业和信息化部门监管，工业和信息化部门履行如下职责：

---

〔1〕 数据来源：博将资本。
〔2〕 数据来源：一方投资。

（1）制定有关的管理办法。目前国务院、工信部等有关部门公布了《中华人民共和国电信条例》、《互联网信息服务管理办法》及《非经营性互联网信息服务备案》等互联网相关法律法规的规定，指导通信管理局对互联网站的经营许可的管理。

（2）受理非经营性 ICP 备案。在中华人民共和国境内提供非经营性互联网信息服务，应当依法办理备案手续，到工信部网站进行备案。

（3）对通信管理局颁发经营性 ICP 作出了相关规定。

第一，规定申请 ICP 经营许可证应具备的条件：

①经营者为依法设立的公司。

②有与开展经营活动相适应的资金和专业人员。

③有为用户提供长期服务的信誉或者能力。

④在省、自治区、直辖市范围内经营的，注册资本最低限额为 100 万元人民币。在全国范围或者跨省、自治区、直辖市经营的，注册资本最低限额为 1000 万元人民币。

⑤有必要的场地、设施及技术方案。

⑥公司及其主要出资者和主要经营管理人员 3 年内无违反电信监督管理制度的违法记录。

⑦国家规定的其他条件。

第二，规定申请 ICP 许可证需要的材料：

①公司法定代表人签署的经营增值电信业务的书面申请。

②ICP 备案登记表。

③公司的企业法人营业执照副本及复印件并加盖公司公章。

④公司概况，包括公司基本情况，拟从事增值电信业务的人员、场地和设施等情况。

⑤公司近一年经会计师事务所审计的财务报告或验资报告（新公司仅提供验资报告）。

⑥公司章程、公司股权结构及股东的有关情况。

⑦从事新闻、出版、教育、医疗保健、药品和医疗器械等互联网信息服务的，应提交有关主管部门前置审批的审核同意文件。

⑧从事经营 ICP 业务的可行性报告（含经营服务项目、范围、业务市场预测、投资效益分析、发展规划、工程计划安排、预期服务质量、收费方式和标准）和技术方案（含网络概况及结构、组网方式、网络选用的技术及标准、设备配置等）。

⑨为用户提供长期服务和质量保障的措施（包括后续资金保障、技术力量保障、商业经营保障、内置管理模式）。

⑩信息安全保障措施（包括网站安全保障措施、信息安全保密管理制度、用户信息安全管理制度）。

⑪接入基础电信运营商的证明即服务器托管协议（预期服务保障）。

⑫公司法定代表人签署的公司依法经营电信业务的承诺书。

⑬证明公司信誉的有关材料（新申请公司无此项，由非经营性公司转为经营性公司需提供）。

⑭网站必须登陆备案网站管理系统进行备案（新申请公司无此项，由非经营性公司转为经营性公司需提供）。

第三，规范了申请流程。从事经营性互联网信息服务，应当向省、自治区、直辖市电信管理机构或者国务院信息产业主管部门申请办理互联网信息服务增值电信业务经营许可证。

省、自治区、直辖市电信管理机构或者国务院信息产业主管部门应当自收到申请之日起 60 日内审查完毕，作出批准或者不予批准的决定。予以批准的，颁发经营许可证；不予批准的，应当书面通知申请人并说明理由。

申请人取得经营许可证后，应当持经营许可证向企业登记机关办理登记手续。

ICP 证是互联网信息服务经营的许可证，根据国家《互联网管理办法》规定，经营性互联网信息服务必须办理 ICP 证，否则就属于非法经营。未取得经营许可或未履行备案手续，擅自从事互联网信息服务的，由相关主管部门依法责令限期改正，给予罚款、责令关闭网站等行政处罚；构成犯罪的，依法追究刑事责任。经营许可是对互联网信息增值电信服务的市场准入资质的评价，有关部门对互联网信息服务机构进行各方面的审查，对其开展互联网信息服务能力进行考量从而保障互联网络信息服务经营的安全。电子合同系统服务商亦是提供互联网信息服务的相关企业，取得 ICP 认证则是对其市场准入资质的基本认可。

2. CA 认证管理。CA 机构是电子商务认证授权机构。它是负责发放和管理数字证书的权威机构，并作为电子商务交易中受信任的第三方，承担公钥体系中公钥的合法性检验的责任。而国家工业和信息化部（即工信部）是电子认证服务机构（CA 机构）的监督者和管理者，履行如下管理职责：

（1）制定相关的管理办法。工信部于 2015 年颁布了《电子认证服务管理办法》，为电子认证服务提供了法规方面的依据。

（2）受理《电子认证服务许可证》的申请，并决定是否授予许可证。

第一，要求电子认证服务机构提供的服务应包括：

①制作、签发、管理电子签名认证证书。

②确认签发的电子签名认证证书的真实性。

③提供电子签名认证证书目录信息查询服务。

④提供电子签名认证证书状态信息查询服务。

第二，对电子认证服务机构的义务进行明确：

①保证电子签名认证证书内容在有效期内完整、准确。

②保证电子签名依赖方能够证实或者了解电子签名认证证书所载内容及其他有关事项。

③妥善保存与电子认证服务相关的信息。

（3）对已经授予的《电子认证服务许可证》进行管理。对于暂停或者终止电子认证服务的机构，工信部应注销许可证。在法律规定的情形下，工信部可以吊销电子认证服务机构的许可证。

（4）对电子认证服务机构进行定期、不定期的监督检查。监督检查的内容主要包括法律法规符合性、安全运营管理、风险管理等。

CA 认证相当于网络世界的身份证，对于互不相识的电子商务各方而言，是构建信任的基础。工信部对 CA 认证的监督管理，确保 CA 认证机构能够颁发有效地证书，采用有效的 CA 认证是电子签名/电子合同对签约各方身份真实性确认的最为可靠的方法。

（二）公安部门

根据《中华人民共和国计算机信息系统安全保护条例》第6条的规定，由公安部主管全国计算机信息系统安全保护工作。

公安部门应履行以下职责:

1. 制定安全等级的划分标准和安全等级保护的具体办法。为此，公安部会同国家保密局、国家密码管理局、国家信息工作办公室发布了《信息安全等级保护管理办法》，制定了统一的信息安全等级保护管理规范和技术标准。公安部将信息系统的安全保护等级分为以下五级:

第一级：信息系统受到破坏后，会对公民、法人和其他组织的合法权益造成损害，但不损害国家安全、社会秩序和公共利益。

第二级：信息系统受到破坏后，会对公民、法人和其他组织的合法权益产生严重损害，或者对社会秩序和公共利益造成损害，但不损害国家安全。

第三级：信息系统受到破坏后，会对社会秩序和公共利益造成严重损害，或者对国家安全造成损害。

第四级：信息系统受到破坏后，会对社会秩序和公共利益造成特别严重损害，或者对国家安全造成严重损害。

第五级：信息系统受到破坏后，会对国家安全造成特别严重损害。

2. 公安机关受理信息系统安全保护等级的备案。

（1）备案的受理部门。地市级以上公安机关公共信息网络安全监察部门受理本辖区内备案单位的备案。隶属于省级的备案单位，其跨地（市）联网运行的信息系统，由省级公安机关公共信息网络安全监察部门受理备案。

（2）备案的相关流程。

第一，受理备案的公安机关公共信息网络安全监察部门应该就受理备案地点、时间、联系人和联系方式等应向社会公布。

第二，备案单位（即信息系统运营、使用单位或者其主管部门）应当在信息系统安全保护等级确定后 30 日内，到公安机关公共信息网络安全监察部门办理备案手续。

第三，备案时应当提交《信息系统安全等级保护备案表》，第三级以上信息系统应当同时提供以下材料：系统拓扑结构及说明；系统安全组织机构和管理制度；系统安全保护设施设计实施方案或者改建实施方案；系统使用的信息安全产品清单及其认证、销售许可证明；测评后符合系统安全保护等级的技术检测评估报告；信息系统安全保护等级专家评审意见；主管部门审核批准信息系统安全保护等级的意见。

第四，公安机关公共信息网络安全监察部门收到备案单位提交的备案材料后，对属于本级公安机关受理范围且备案材料齐全的，应当向备案单位出具《信息系统安全等级保护备案材料接收回执》；备案材料不齐全的，应当当场或者在 5 日内一次性告知其补正内容；对不属于本级公安机关受理范围的，应当书面告知备案单位到有管辖权的公安机关办理。

第五，接收备案材料后，公安机关公共信息网络安全监察部门对有关内容进行审核。

第六，经审核，对符合等级保护要求的，公安机关公共信息网络安全监察部门应当自收到备案材料之日起的 10 个工作日内，将加盖本级公安机关印章（或等级保护专用章）的《信息系统安全等级保护备案表》一份反馈备案单位，一份存档；对不符合等级保护要求的，公安机关公共信息网络安全监察部门应当在 10 个工作日内通知备案单位进行整改，并出具《信息系统安全等级保护备案审核结果通知》。

3. 对已经备案受理后的信息安全系统进行检查。受理备案的公安机关应当定期对第三级、第四级信息系统的运营、使用单位的信息安全等级保护工作情况进行检查。对第三级信息系统每年至少检查一次，对第四级信息系统每半年至少检查一次。对跨省或者全国统一联网运行的信息系统的检查，应当会同其主管部门进行。

4. 对违反计算机信息系统安全等级保护制度，危害计算机信息系统安全的，公安机关可处以警告或者停机整顿。

电子合同行业必须运用到计算机信息系统，进行信息安全测评，并经过主管部门的认可，是对计算机信息系统安全性的认可，是电子合同得以开展的基础。

（三）国家密码管理局

商用密码是指对不涉及国家秘密内容的信息进行加密保护或者安全认证所使用的密码技术和密码产品。商用密码技术是商用密码的核心，是信息化时代社会团体、组织、企事业单位和个人用于保护自身权益的重要工具。我国国家密码管理局通常采用行政许可的方式对商用密码的使用进行规范。

1. 商用密码产品销售许可。

（1）省、自治区、直辖市密码管理机构应履行以下职责：

第一，受理《商用密码产品销售许可证》的申请材料并进行初审。

第二，承担商用密码产品销售许可单位设立分支机构备案、变更备案以及更换《商用密码产品销售许可证》的具体工作。

第三，受理商用密码产品销售许可单位报送的销售登记备案资料，并将资料汇总后报国家密码管理局。

第四，批准商用密码产品宣传、公开展览。

第五，对违反商用密码产品销售管理规定的行为进行处罚。

（2）国家密码管理局应履行以下职责：

第一，制定相关的管理办法。国家密码管理局颁布了《商用密码产品销售管理规定》。规定了销售商用密码产品应当取得《商用密码产品销售许可证》，未经许可，任何单位和个人不得销售商用密码产品。

第二，颁发《商用密码产品销售许可证》。

①国家密码管理局自受理申请之日起20个工作日内作出是否批准的决定。国家密码管理局认为必要时，可以对申请单位进行现场考察。考察所需时间不计算在本规定所设定的期限内。

②国家密码管理局批准申请单位从事商用密码产品销售活动的，应当自作出批准决定之日起10个工作日内发给《商用密码产品销售许可证》，并向社会公布。

2. 商用密码产品生产定点单位证书。

（1）省、自治区、直辖市密码管理机构在商用密码产品生产管理方面的职责：

第一，向国家密码管理局推荐商用密码产品生产定点单位。

第二，对商用密码产品生产定点单位进行年度考核，并将考核意见报国家密码管理局。

第三，承担商用密码产品生产定点单位变更备案以及更换《商用密码产品生产定点单位证书》的具体工作。

第四，受理生产定点单位提出的商用密码产品品种和型号申请并对申请材料进行初审。

第五，对违反商用密码产品生产管理规定的行为进行处罚。

（2）国家密码管理局在商用密码产品生定点单位管理方面的职责：

第一，制定了相关的规定。国家密码管理局于2005年12月颁布了《商用密码产品生产管理规定》，用于规范商用密码生产活动。

第二，授予《商用密码产品生产定点单位证书》。国家密码管理局对通过初审的单位进行实地考察，作出指定决定并告知指定结果，被指定为商用密码产品生产定点单位的，由国家密码管理局发给《商用密码产品生产定点单位证书》并予以公布。

第三，国家密码管理局对商用密码产品生产定点单位进行年度考核。考核结果由国家密码管理局公布。考核不合格的，撤销其商用密码产品生产定点单位资质。

3. 《电子认证服务使用密码许可证》。

（1）省、自治区、直辖市密码管理机构在电子认证服务使用密码许可的职责：

第一，受理《电子认证服务使用密码许可证》的申请材料并进行初审。

第二，自受理申请之日起5个工作日内将全部申请材料报送国家密码管理局。

第三，承担电子认证机构变更备案以及更换《电子认证服务使用密码许可证》的具体工作。

第四，对电子认证服务提供者使用密码的情况采取书面审查和现场核查相结合的方式进行监督检查。

（2）国家密码管理局在电子认证服务使用密码许可的职责：

第一，国家密码管理局制定《电子认证服务密码管理办法》。该办法规定提供电子认证服务需要申请《电子认证服务使用密码许可证》，采用密码技术为社会公众提供第三方电子认证服务的系统使用商业密码，电子认证服务系统应当由具有商业密码产品生产资质的单位承建。

第二，授予《电子认证服务使用密码许可证》证书。国家密码管理局对省、自治区、直辖市密码管理机构报送的材料进行核查，组织对电子认证服务系统进行安全性审查和互联互通测试，并自省、自治区、直辖市密码管理机构受理申请之日起15个工作日内，将安全性审查和互联互通测试所需时间书面通知申请人。电子认证服务系统通过安全性审查和互联互通测试的，由国家密码管理局发给《电子认证服务使用密码许可证》并予以公布；未通过安全性审查或者互联互通测试的，不予许可，书面通知申请人并说明理由。

第三，对被授予《电子认证服务使用密码许可证》的电子认证机构进行监督检查。监督检查发现存在不符合许可条件的情形的，限期整改；限期整改后仍不符合许可条件的，由国家密码管理局撤销其《电子认证服务使用密码许可证》。在符合法律规定的情形下，国家密码管理局也可以吊销《电子认证服务使用密码许可证》。

国家密码局通过对商用密码进行监督管理，以此来保证网络信息安全。电子合同/电子签名企业在提供服务时使用的数字证书是由电子认证服务机构颁发的，而电子认证服务机构的设立需要获得国家密码局的商用密码使用许可和前置审批。

第二节　国外电子合同发展现状

自 20 世纪 90 年代以来，各国对电子商务给予了高度关注。电子商务立法是近些年世界各国民商事立法的重点，电子商务立法的核心主要围绕电子签章、电子合同、电子记录的法律效力展开。从 1995 年美国犹他州颁布《犹他州数字签名法》至今，已有几十个国家、国际组织和地区颁布了与电子商务相关的立法，电子合同立法方兴未艾。

归纳起来，当前世界各国电子合同立法主要涉及以下三个方面的内容：

1. 数据电讯法律制度。数据电讯法律制度一般包括如下内容：数据电文的概念、法律效力及证据力，数据电文的归属，数据电文的收讫确认，数据电文的发送和接收时间，数据电文的发送和接收地点及其完整性、可靠性推定，规范电子要约与承诺规则及其相应的法律后果，等等。

2. 电子签名制度。联合国国际贸易法委员会《电子签名示范法》中规定，电子签名是指在数据电文中，以电子形式所含、所附注或在逻辑上与数据电文有联系的数据，它可用于鉴别与数据电文相关的签字人和表明签字人认可数据电文所含信息。[1]我国《电子签名法》中规定，电子签名是指数据电文中以电子形式所含、所附用于识别签名人身份并表明签名人认可其中内

---

〔1〕　参见联合国国际贸易法委员会《电子签名示范法》第 2 条（a）款。

容的数据。[1]

电子签名制度一般包括：电子签名的法律效力，广义与狭义的电子签名，电子签名的适用范围，电子签名的完整性、可靠性推定，等等。

3. 电子认证制度。电子签名在网络环境下实现了传统手写签名的功能，而对签名人身份真实性的确认则是通过电子认证来完成的。

电子认证制度一般包括：认证机构的设立与管理，认证办法和认证过程，认证机构的运行规范，以及风险防范、电子认证各方应尽的法律义务（包括电子认证各方的违约责任、侵权责任）。

从现有规定来看，电子商务法的特点主要表现在两个方面：一是快速，二是兼容性。国际组织和各国所制订的电子商务法，都不约而同地考虑到了相互协调的问题，在立法上相互参考，尽量减少冲突。这是电子商务法的中立原则和开放、兼容精神在各国立法中的体现。[2]

下面将介绍主要国家和地区关于电子合同的立法及应用现状。

一、主要国家和国际组织关于电子合同的立法

（一）联合国

1996 年，联合国国际贸易法委员会（UNCITRAL）通过了《电子商务示范法》，该法是世界上第一个电子商务的统一法规，

---

〔1〕　参见我国《电子签名法》第 2 条第 1 款。

〔2〕　张楚："关于电子商务立法的环顾与设想"，载《法律科学（西北政法学院学报）》2001 年第 1 期。

《电子商务示范法》的目的是为各国立法者提供一整套旨在为电子商务消除法律障碍并提高法律可预测性的国际公认规则，从而促成并便利使用电子手段进行商务。特别是，《电子商务示范法》意在通过规定平等对待纸面信息和电子信息，克服无法通过契约改变的成文法规定所造成的障碍。这种平等对待是促成使用无纸化通信的基本条件，因而有助于提高国际贸易的效率。《电子商务示范法》为各国制定本国的电子商务法律提供了示范文件，奠定了电子商务立法的基本框架[1]。

2001 年联合国国际贸易法委员会颁布了《电子签名示范法》，该法对电子签名的定义、适用范围、符合电子签名的要求、签名人和证明服务提供者的行为、信赖方的行为、外国证书和电子签名的认证等重要问题都作了详细的规定，是对《电子商务示范法》的有益补充。

2005 年，联合国国际贸易法委员会又通过了《联合国国际合同使用电子通讯公约》。该公约的颁布旨在消除国际电子合同使用电子通讯的障碍，加强国际电子商务中电子合同的法律有效性。作为世界上第一部关于电子商务的国际公约，它主要规定了在国际电子商务中如何使用电子通讯的问题。

1. 联合国国际贸易法委员会《电子商务示范法》[2]。20 世纪 90 年代，由于现代计算机技术等现代通讯手段对于现代的商

---

〔1〕 资料来源：联合国国际贸易法委员会官网：http：//www.uncitral.org/uncitral/zh/uncitral_ texts/electronic_ commerce/1996Model.html，最后访问时间：2017 年 6 月 25 日。

〔2〕 资料来源：联合国国际贸易法委员会官网：http：//www.uncitral.org/uncitral/zh/uncitral_ texts/electronic_ commerce/1996Model.html，最后访问时间：2017 年 6 月 25 日。

业发展，引发了一系列国际合同领域的法律问题。传统国际合同立法并不适合快捷和方便的现代商务。为了解决在电子数据处理流通中引起的法律问题，联合国国际贸易法委员会于 1996 年 12 月 16 日在第 85 次全体大会以 51/162 号决议通过了《电子商务示范法》这一法律范本。

《电子商务示范法》是世界上第一部规范电子商务活动的法律文件。值得注意的是：《电子商务示范法》并非国际条约，也非国际惯例，并不具有强制性。

《电子商务示范法》立法上体系开放，可根据科技发展对立法进行修改、补充，反映出电子商务活动的灵活性和开放性。其在结构方面也同样具有很强的兼容性，能与其他电子商务相关的立法行程进行网状的联结。不歧视、技术中性和功能等同这些基本原则被广泛视为现代电子商务法的奠基要素，《电子商务示范法》是第一部采用这些原则的法律文本。不歧视原则确保不会仅仅以一份文件为电子形式为理由而否认其法律效力、有效性或可执行性。技术中性原则规定必须采用不偏重使用任何技术的条款。鉴于技术的快速发展，中性规则旨在适应未来的发展而无需再做立法工作。功能等同原则规定了将电子通信视为等同于纸面通信所依据的各项标准。特别是，其中规定了电子通信为满足传统的纸面系统中的某些概念（如"书面""原件""经签名的"和"记录"）所要实现的目的和功能而需要满足的具体要求。

除了阐明不歧视、技术中性和功能等同等法律概念之外，《电子商务示范法》还在以下方面确立了规则：以电子方式签订的合同的订立和有效性、数据电文的归属、确认收讫和确定发出和收到数据电文的时间和地点。

应当指出，《电子商务示范法》的某些规定已由《联合国国际合同使用电子通讯公约》按照最近的电子商务做法作了修改。此外，《电子商务示范法》中述及货物运输方面的电子商务的第二部分也已得到其他法律文本的补充，其中包括《联合国全程或部分海上国际货物运输合同公约》（又称《鹿特丹公约》）。[1]

基于上述分析，为了达成电子单证与纸质形式等同的安全性，必须在高速的同时保证数据传递的可靠性和可读性，特别是要在计算机技术上和法律上充分考虑对数据信息来源的认定和对信息内容的认定。《电子商务示范法》第 5 条指出：不得仅仅以某项信息采用数据电文形式为理由而否定其法律效力、有效性或可执行性。

《电子商务示范法》第 6 条规定，如法律要求信息须采用书面形式，则假若一项数据电文所含信息可以调取以备日后查用，即满足了该项要求。

针对当时大多数国家的法律以及审判实践中仍将签名局限在手写签名这一范围的情况，《电子商务示范法》第 7 条拓宽了签字的定义，从而使数字签名包括在签字的范畴内。第 9 条规定：对于以数据电文为形式的信息，应给予应有的证据力。在评估一项数据电文的证据力时，应考虑到生成、储存或传递该数据电文的办法的可靠性，保持信息完整性的办法的可靠性，用以鉴别发端人的办法，以及任何其他相关因素。这一规定既考虑到了数据电文自身的特点，又赋予了其应有的证据力，是

---

〔1〕《电子商务示范法》附有《颁布指南》，其中作了背景介绍并提供了解释性资料，以协助各国编写必要的法律条文，也可为该法规的其他使用者提供指导。

对传统证据规则的突破，有利于电子商务的安全运营。

当然，《电子商务示范法》并非要把数据电文在形式要件上完全等同于任何纸上单据，而是将纸面形式的功能逐一进行分析，一旦适用于数据电文，则在法律上赋予二者同等的功能。如《电子商务示范法》第 9 条仅对"书面""签名""原件"进行了规定，但是并未将"功能等价法"无限扩展到其他的法律概念。

《电子商务示范法》的制定主要为电子合同扫清了三大法律障碍：其一，许多法律行为都属于书面要式行为，需要有书面存在，经由电子传输所产生的资料信息是否符合书面要求的障碍；其二，在法律有签名规定时，经由电子传输所产生的电子签名是否符合要求的障碍；其三，利用电子传输的资料信息是否具有证据适格性的障碍。《电子商务示范法》的颁布对于解释和调节有关电子合同订约过程中的法律障碍起到了一定的引导作用，对其他国家的电子合同订立的立法提供了方向性的借鉴。[1]

2. 联合国国际贸易法委员会《电子签名示范法》[2]。联合国国际贸易法委员会《电子商务示范法》第 7 条对电子签字虽作了原则规定，但随着电子商务的进一步发展，越来越需要一套完备的电子签名专门法律来规范。于是，1999 年 6 月，在联合国国际贸易法委员会的牵头下，《电子签名统一规则（草

〔1〕 李适时：《各国电子商务法》，中国法制出版社 2003 年版。

〔2〕 资料来源：联合国国际贸易法委员会官网：http://www.uncitral.org/uncitral/zh/uncitral_ texts/electronic_ commerce/2001 Model_ signatures. html，最后访问时间：2017 年 6 月 25 日。

案）》应运而生。委员会在提出起草签字该示范法时，曾经提出扩大之前制定的《电子商务示范法》，但是考虑到《电子商务示范法》已经获得了一些国家的认可实施，选择扩大可能会破坏原有版本所取得的成功，因此决定单独起草[1]。在二者的关系上，《电子签名示范法》属于《电子商务示范法》的特别法。

《电子签名统一规则（草案）》共 15 条，主要是对电子签名、认证中心以及外国电子签章的承认等作了统一规范，列举了若干原则性的规定。随后，联合国国际贸易法委员电子商务工作组广泛吸取了一些国家已经生效或正起草的立法文件经验，进行多次修改，并于 2001 年正式公布了《电子签名示范法》。

《电子签名示范法》共 12 条，在电子签名方面增加了更加细致的效力规定、签字各方的法律关系的原则规定等。《电子签名示范法》建立在《电子商务示范法》第 7 条关于在电子环境中履行签字功能的基本原则的基础上，旨在协助各国建立现代化、协调和公正的立法框架，更加有效地解决电子签字问题。《电子签名示范法》是对《电子商务示范法》的一点补充，但却是重要的补充，其中列出了可用以衡量电子签字技术可靠性的实际标准。另外，《电子签名示范法》还将这种技术可靠性与特定电子签字可能应有的法律效力联系在一起。《电子签名示范法》对《电子商务示范法》作出了实质性的补充，采取了可预先确定（或在实际使用前评定）某项电子签字的技术法律效力的方式，因此，《电子签名示范法》意在增进对电子签字的了解，使人们更加确信在具有法律效力的交易中某些电子签字技

---

〔1〕 王利明主编：《电子商务法研究》，中国法制出版社 2003 年版，第 702 页。

术是可以依赖的。另外，对于可能涉及使用电子签字的当事各方（即签字人、依赖方和第三方服务商），《电子签名示范法》还制定了一套基本行为守则，并附带适当的灵活性，从而有助于在电子网络空间中形成更加协调的商业惯例。

3.《联合国国际合同使用电子通讯公约》[1]。《联合国国际合同使用电子通讯公约》（以下简称《公约》）以委员会之前草拟的文书为基础，特别是《贸易法委员会电子商务示范法》和《贸易法委员会电子签名示范法》。这些文书被广泛视为提出了电子商务立法三大基本原则的标准法规，《公约》也包含了这三大原则，即不歧视、技术中性和功能等同。

《公约》是一部授权条约，其作用是通过确立电子形式和书面形式之间的等同性而消除形式上的障碍。此外，《公约》还有助于实现其他目的，进一步促进电子通信在国际贸易中的应用。因此，《公约》意图加强各种电子商务规则的统一，使各国在国内颁布与电子商务有关的各项贸易法委员会示范法的工作更加统一，并按照最新的做法更新和补充这些示范法中的某些条款。最后一点，《公约》可向尚未通过电子商务方面规定的国家提供现代、统一而措词谨慎的法律。

《公约》共有 4 章 25 条，适用于营业地位于不同国家的当事人之间交换的所有电子通信，条件是至少有一方当事人的营业地位于一缔约国（第 1 条）。它还可因当事方的选择而适用。但是，为个人、家人或家庭目的订立的合同，如与家庭法和继承法有关的合同，以及某些金融交易、流通票据和所有权文据，

---

〔1〕 资料来源：联合国国际贸易法委员会官网：http：//www.uncitral.org/uncitral/zh/uncitral_texts/electronic_commerce/2005Convention.html，最后访问时间：2017 年 6 月 25 日。

均不在该《公约》的适用范围之内（第2条）。

如上所述，《公约》列出了确立电子通信和纸面文件之间以及电子认证方法和手写签名之间功能等同的标准（第9条）。同样，《公约》还规定了发出和收到电子通信的时间和地点，对这些法律概念的传统规则作了调整，以适应电子环境，并对《电子商务示范法》的规定进行了革新（第10条）。

《公约》还规定了一条总原则，即不得仅以通信为电子形式为由而否定其法律效力（第8条）。具体地说，鉴于自动电文系统不断增多，《公约》还为通过这类系统订立的合同的可执行性留有余地，包括没有自然人复查这些系统进行的每一动作的情况（第12条）。《公约》进一步明确说明，通过电子手段提出的订立合同提议，凡不是向特定当事人提出的，即相当于交易邀请，而不属于按照《销售公约》的相应规定一旦被接受便对要约方具有约束力的要约（第11条）。此外，《公约》还规定了将信息输入自动电文系统的自然人发生输入错误时的补救措施（第14条）。

最后，《公约》还允许合同的当事人排除《公约》的适用或在所适用的其他法律规定允许的范围内更改《公约》的条款（第3条）。

（二）美国

美国的电子商务活动在全球最早出现，20世纪90年代中期，电子合同即出现于美国，随后美国政府大力推广以互联网为运行平台的电子商务交易形式，使之逐渐成为国民经济增长的重要支点。为了促进和保障电子商务的全面发展，随着互联网商业化的理论与实践逐渐成熟，美国出现了电子商务立法的高峰。美国的大多数州都制定有电子商务法，犹他州 1995 年颁布的《犹他州数字签名法》是美国乃至世界范围内的首部全面确立电子商务运行规范的法律。1999 年通过了全国性的电子商务法《统一计算机信息交易法》《统一电子交易法》《全球电子商务框架》。2000 年，时任总统克林顿签署了国会两院通过的《电子签名法》，为商务活动中使用电子文件和电子签名确立了法律基础。

1. 《统一计算机信息交易法》。20 世纪 90 年代，美国的商务市场开始从有形的实物商品转向无形的计算机软件和服务贸易。90 年代中后期，无形贸易在美国国民生产总值中的比重已经超过了 50%。[1] 原有的《统一商法典》（Uniform Commercial Code，UCC）已经难以继续适应信息经济的发展要求。为了促进和保障新兴的电子商务的发展，美国各州大多开始制定各自的电子商务法。1999 年 7 月，由法学教授、法官、律师等组成的"统一州法会议全国委员会"通过了《统一计算机信息交易法》（Uniform Computer and Information Transaction Act，UCITA），用以避免各州之间出现电子商务法的立法冲突。作为美国统一州法运动的创新性成果，《统一计算机信息交易法》是一部关于计算机信息交易发展法律框架的实体性合同法，是世界上最完备的有关电子合同规范的法律。它为数字信息时代的信息交易提供了一个法律框架，对传统交易法律及理念来说无异于一场革命。

在《统一计算机信息交易法》的起草过程中，立法者尽可

---

〔1〕 印辉：《电子商务合同实务指南》，知识产权出版社 2002 年版，第 49 页。

能广泛地征求了各类公司、出版商、被许可方以及消费者的意见，试图在各方之间找寻一个适合的平衡点，以更为全面均衡地为计算机信息交易的各方当事人提供法律保护。《统一计算机信息交易法》的内容既有基于信息时代的创新之处，又充分继承了之前的《统一商法典》及其他法律，其内容条款仅有少数是强制性的，不允许当事人自行变更，更多的则是体现合同自由原则的任意性规范条款（default rules）并存在相关违约规则。UCITA 制定了非常灵活的准据法原则，它允许交易双方可以协议选择适用的法律，除非该选择与根据管辖地法律的规定不得以协议改变的原则相冲突。[1] 该法是一部许可证格式的合同法，计算机信息交易当事方可以自行拟定许可证的基本条款，或只是作少许必要的修改。

《统一计算机信息交易法》是第一个以信息经济所特有的交易为调整对象的一般合同法，[2] 其主要调整内容包括合同成立、解释、担保、转让、履行、违约和违约责任在内的合同关系。与以往的合同法律规则不同的是：它显著突出了电子商务的特点，可以适用于计算机信息的交易，包括有关创作或开发计算机信息，提供访问、获取、转让、使用、许可、修订或发行计算机信息的合同。该法主要适用于创作或发行计算机软件、多媒体及交互性产品、计算机数据以及在线信息发行等交易，不

---

〔1〕 UCITA, 104（2002）.

〔2〕 ［美］Raymond T. Nimmer："一部信息时代的商事合同法典"，金振豹译，载梁慧星主编：《民商法论丛》（第 22 卷），金桥文化出版（香港）有限公司 2002年版，第 288 页。

适用于有关印刷出版的书籍、报纸、杂志等的交易。[1] 其所有规则都属于缺省性规则，适用时即使当事方没有约定，也可以通过协议进行更改。

《统一计算机信息交易法》是一部推荐给美国各州立法时可予以借鉴或采纳的示范法，其本身没有直接的法律约束力，究竟能否转化为生效的法律，主要取决于美国各州是否通过立法对其予以借鉴或采纳。

2.《统一电子交易法》。美国《统一电子交易法》（Uniform Electronic Transactions Act, UETA）与《统一计算机信息交易法》同年在"统一州法会议全国委员会"上通过并建议在各州实施。有 47 个州及哥伦比亚特区和美属维京群岛已经采用了《统一电子交易法》。[2]

《统一电子交易法》从不同角度对电子合同及电子商务作了规范，确认了电子记录和电子签名的效力，消除了电子商务的障碍。该法并非一部缔约方面的普通成文法，合同的实体性规定并未受其影响；该法亦非数字签名法，而是旨在对各州的数字签名法予以支持和补充。[3]

《统一电子交易法》侧重于从电子记录来规范电子商务，具体规则涉及从电子记录的定义到电子记录的使用，从电子记录的法律效力到电子记录的原件及保持。该法最重要的规定就是

---

〔1〕　郑成思、薛虹："美国《统一计算机信息交易法》"，载《经济参考报》2000 年 11 月 8 日，第 008 版。

〔2〕　参见 https://en.wikipedia.org/wiki/Uniform_Electronic_Transactions_Act，最后访问时间：2017 年 7 月 18 日。

〔3〕　参见中央网络安全和信息化领导小组办公室、国家互联网信息办公室政策法规局编：《外国网络法选编》（第一辑），中国法制出版社 2015 年版，第 159 页。

为电子签名下了定义以及赋予电子签名法律效力，并确保书面要求的签名方式不会成为电子合同订立中的障碍，将电子商务与纸质商务放在同等的法律地位上，不因使用的科技形式的差异而遭到歧视，同时，保证合同的订立不因其订立方式和电子媒介而否认其执行力。[1] 如果某一法律要求记录为书面形式，则使用电子记录或电子签名即可以满足该要求。

3. 《统一商法典》。美国《统一商法典》（Uniform Commercial Code，UCC）是美国统一州法委员会和美国法学会共同起草和制定的一部示范法，最初发布于1952年，已为美国50个州和哥伦比亚特区所采用。《统一商法典》是美国各个统一法案中最长和最复杂的，其目的是协调美国的销售法律和商业交易，几十年来对世界各国的民商立法及国际商事公约产生了重要的影响，被誉为英美法系最伟大的成文法典。

《统一商法典》在结构体例上分为总则和各章，总则指导各章，主要确定契约自由、诚实信用、合理、勤勉、正当注意等基本原则，还规定了法律冲突规则和名词术语的定义和解释规则；各章基本上围绕货物买卖、商业票据和担保交易展开。

在适用对象上，法典不但适用于以商人为一方的交易，而且适用于一般消费者交易。同时，该法典较好地兼顾了历史和现实的关系，为未来的发展留下余地，许多规定反映了当代商业和交易的最新要求，是获得国际承认的准则。为了应对电子商务的发展，《统一商法典》买卖篇在2003年修改时对关于买卖的立法进行了大量修正，规定了电子合同的立法范围、缔结

---

〔1〕 吴佩江、王瑞飞：《电子商务法律》，浙江大学出版社2004年版，第56页。

问题、法律效力、合同履行等主要环节，对电子代理人的缔约能力、电子代理人行为的归属等重要问题作出了明确的规范，从而顺应了电子商务发展和经济全球化发展的需求。

4.《全球电子商务纲要》。1997 年，美国克林顿政府颁布了《全球电子商务纲要》（A Framework for Global Electronic Commerce），这是全球第一份官方正式发布的关于电子商务立场的文件，提出了关于电子商务发展的一系列原则，系统阐述了一系列政策，旨在为电子商务的国际讨论与签订国际协议建立框架。并且由于美国计算机网络技术和电子商务技术上的发展与领先，对于网络发展及电子商务的发展均产生了极为深远的影响，成为当今电子商务具有划时代影响的文件。

《全球电子商务纲要》内容上主要包括五大基本原则和九大议题，其中重点规定了五大基本原则：私人企业应居于主导地位；政府应避免对电子商务作不必要的限制；当需要政府介入时，政府参与的目的仅仅是应在支持及实施一个可预测及介入程度最低、持续及简单的商业法律环境；政府应认同互联网特质；互联网中的电子商务应在国际化的基础上被推进。这五大基本原则在现在看来，仍然具有先进性和指导意义，为互联网的发展及电子商务在全球范围内的传播与发展打下了良好的基础。在强调政府介入的同时，又保证了互联网环境的纯净与简单的特质，关注到了互联网的跨国属性，保证了互联网的国际接轨。

（三）欧盟

早在 1987 年，欧洲议会便已建立了一套交易电子数据交换系统程序，用以规范数据处理系统间的商业或行政格式的传送。

该程序调和了商业资料的电子传送和用户间的隔阂。

后来在1989年，欧洲议会同意让欧洲自由贸易协会的会员参与制定该程序的计划及授权欧盟委员会去协商与这些国家间的协议。委员会于1989年提出一份报告，其中详细分析了法律方面的问题，该报告建议：应统一各国分歧的法律来克服这些困难及其他问题，以利于建立统一的欧洲贸易制度[1]。该报告内容主要涉及合同形成、网络使用者的责任及可信赖的第三人及类似的服务表示意见。欧盟委员会意识到在信息社会中电子商务的重要作用，而法律是电子商务发展的重要的软环境，因此一直致力于在联盟内部促进电子商务的发展。

欧盟关于电子合同的立法时间虽然相对较晚，但是其电子合同的条款却非常齐全，对于包括网络开发、安全认证、数据存储、电子签名、电子支付等各个方面都有着明确的规定。

欧盟关于电子合同立法的三个指令分别是：《电子签名指令》《电子商务指令》《远程销售指令》。其中，《电子签名指令》与《电子商务指令》是最基本的，虽然《远程销售指令》不是专门针对电子商务的立法，但是它所针对的是所有利用通信手段的远程交易，是电子合同立法上重要的法律文件。《电子签名指令》在立法上以功能等同法的方式确认了电子缔约相关问题，赋予了电子签名与手写签名、签章同等的法律效力。《电子商务指令》要求欧盟的成员国以法律的形式确立电子合同的法律效力，扫清电子缔约过程中的法律障碍。

在欧盟的法律框架之内，涉及电子合同法律适用的主要有

---

[1] http://www.europa.eu.int.

《罗马公约》和欧盟《电子商务指令》两个法律文件。《罗马公约》广泛适用于合同的准据法问题，欧盟《电子商务指令》主要是在电子合同中为平衡消费者和商家利益的冲突提供实体法律规则。

1.《罗马公约》。《罗马公约》由欧盟成员国于 1980 年订立，并于 1999 年 4 月 1 日起生效，全称是《关于合同义务法律适用的罗马公约》，该公约就跨境合同的法律适用问题制定了适用于全欧盟的统一规范。[1]《罗马公约》的法律适用制度对电子合同而言，起着渊源性的规范作用。该公约的主要内容包括：

（1）意思自治原则。明确以当事人意思自治原则作为合同法律适用的首要原则，同时并不排除强制性规则的适用。

（2）特征性履行。《罗马公约》规定，在当事人对合同适用的法律没有作出约定的情况下，采用最密切联系原则确定适用于合同的法律；同时，为了避免最密切联系原则的不确定性，采用"特征性履行说"对几种主要合同的最密切联系地作出推定。[2]尽管在电子合同领域，特征性履行方式不易确定，但是对于在网上订立合同并在现实物理空间中进行实物交割的广义电子合同而言，特征性履行的方法仍然可以适用。

（3）关于消费者合同的强制性规则。公约出于保护消费者的目的，对消费者合同规定了特殊的法律适用制度，具体包括：首先，在消费者没有对合同的法律适用作出约定的情况下，自

---

〔1〕　Article 7 (1) Of The European Contracts Convention：Codifying The Practice Of Applying Foreign Mandatory Rules, *Harvard Law Review*, June, 2001, 114HVLR2462.

〔2〕　1980 Rome Convention Art 4. 转引自邵景春：《欧洲联盟的法律与制度》，人民法院出版社 1999 年版，第 691 页。

动适用消费者居住地国法律；其次，执行意思自治原则不得剥夺消费者享有的本国法律保护的权利。这种消费者享有的本国法律保护的权利是消费者住所地国家中的"强行性法规"，是不能通过合同排除其适用的。这里的强制性规则既包括法院地法或与合同有密切联系的国家的法律，比如德国的《一般交易条款法》以及1994年英国的《不公平消费者协议条款法》，也包括欧盟有关机关制定的强行性法律，比如欧盟1997年颁布的《关于远程合同中消费者保护指令》，规定各个成员国应该采取必要的措施，以确保只要该合同与一个以上的成员国有密切联系，消费者就不因选择欧盟成员国以外的法律而失去该指令给予他的保护。[1]

2.《远程销售合同指令》。欧盟于1997年颁布了《远程销售合同指令》，[2] 计划于2000年开始实施。该指令旨在使成员国内规范消费者与服务或商品之提供者经由远程缔结合同的法律法规能逐渐趋于一致，并防范在远程销售过程中产生的某些风险，从而对消费者加以保护。所谓远程合同，指的是以一种或多种远程通讯方式所缔结之合同。显然，该指令适用于电子合同的某些规定，属于在电子合同中保护消费者权益的规定。为达到此目的，指令对商品和服务提供者设定了详尽的告知义务，并在附录中明确规定了符合指令的要求[3]。根据指令，消

---

〔1〕 邵景春：《欧洲联盟的法律与制度》，人民法院出版社1999年版，第700页。

〔2〕 Directive of the European Parliament and the Council of 20 May 1997 on the protection of consumers in respect of distance contracts (97/7/EC)，*Official Journal*，L 144，04/06/1997.

〔3〕 万以娴：《论电子商务之法律问题》，法律出版社2001年版，第36页。

费者有权获知：当事人的身份，商品或服务的主要特征，商品
和服务的明确价格以及税收负担，卖方应赋予消费者合同的解
除权，使用网络作为通讯工具所支出的必要费用。

　　《远程销售合同指令》中的消费者是指任何自然人，非基于
自己的营业或从事职业上的目的而签订合同。该指令第 1 条即
规定了其主要目的：指令旨在使成员国内部市场健康有序、良
好运行，重点在于保障信息服务得以在成员国之间自由流通，
并使得各成员国关于信息服务的国内立法趋于统一，完善欧洲
共同体关于信息服务的各项立法。这说明该指令的颁布是调整
消费者与供应商之间通过现代通讯技术及电子商务过程中约定
各自的法律关系而制定的一部单独的法律。

　　在这里，现代通讯技术包括了 Internet、电子邮件和自动电
话等，这说明该指令已经将电子合同的定义由《电子商务示范
法》中的定义继续扩大到了包括互联网和自动电话在内的新的
电子通讯技术。这也体现了电子商务立法方面的前瞻性。《远程
销售合同指令》中有大量关于电子合同专门立法的规定。其中，
第 9 条第 1 款规定："各成员国须调整其国内立法以使电子合同
合法化。各成员国应特别保证其关于合同缔结的法律制度，不
得妨碍电子合同在实际中的应用，也不得因合同是通过电子方
式缔结的这一事实而剥夺其生效权利和法律效力。"这也体现了
《远程销售合同指令》的实施不仅促进了欧盟各国关于电子合同
的合法化进程，更从法律上确定了电子合同的法律地位，规定
了电子合同的效力问题，在现实生活中，不得因为合同是电子
方式缔约这一事实而不承认电子合同的有效性并剥夺其法律
效力。

《远程销售合同指令》第 10 条还规定了在电子合同订立过程中须告知的情况，即订立合同的各项步骤；合同订立后是否存档备案以及是否可以查阅；修正人为错误的方法。第 10 条第 2 款规定："各成员国须在其国内立法中规定，电子合同订立过程的各项步骤都应保证当事方达成完全和明了的意思一致。"这也是电子合同订立之后是否生效的一个重要条件。

由于很多欧盟成员国国内的远程销售以及无店铺销售增长很快，但是欧盟跨境的远程合同交易却受到限制，欧盟之前的第 85/577 号《上门销售（推销）指令》和 97/7/EC 号《远程销售合同指令》已经不能满足欧盟发展跨境远程销售合同以及无店铺销售合同的需要了。为在内部市场统一和简化有关消费者保护的法律并提高消费者保护的水平，强化在远程及无店铺销售中的消费者的权利（主要是消费者的知情权和撤销权）的保护，欧盟委员会与欧洲议会于 2011 年 10 月 25 日发布了《消费者权利指令》。该指令主要对以前的《消费者合同中的不公平条款指令》和《消费品销售及其相应担保的指令》进行了修改，并废除了《上门销售（推销）指令》和《远程销售合同指令》。

3.《电子商务指令》。2000 年 6 月 8 日，欧盟理事会和欧洲议会通过并颁布了《关于内部市场中与信息社会的服务特别是电子商务有关的若干法律问题的指令》（以下简称《电子商务指令》）。[1] 该指令是欧洲发展电子商务事业的核心规定，目的在

---

[1] Council Directive on Certain Legal Aspects of Information Society Services, in particular Electronic Commerce, in the Internet Market, 2000/31/EC, art. 3 (3) & Annex, Recital 23, 2000 O. J. (L178). See also Amended Proposal for a European Parliament and Council Directive on Certain Legal Aspects of Electronic Commerce in the Internet Market, COM (99) 427 final.

于消除因各国不同的法制状况给电子合同的法律适用造成的障碍，在电子商务领域推进欧洲单一市场准则，以促进电子商务的发展。《电子商务指令》没有建立新的国际私法规则，而是规定由各成员国负责制定在其领土内设立的信息服务供应商所应适用的规则，从而解决目前法律适用的不确定性问题。[1]

当某一在线商人在成员国内设立机构时，根据《电子商务指令》第 2 条"定义"的内容，该成员国应保证在其领土内设立的信息服务供应商所提供的信息服务遵守根据指令协调一致规则而制定的本国国内法律。上述规定实际意味着适用于信息服务供应商的法律是其设立国法，其他成员国无权规制该信息服务供应商的活动。这种规定不仅使法律适用得以确定，而且可以防止公司为了规避该公司所在地的严格规则而在其他规定比较松的成员国设立服务器的现象。[2]

欧盟《电子商务指令》第 3 条规定：

（1）各成员国保证在其领土内设立的信息服务供应商所提供的信息服务务必遵守根据本指令协调一致之规则而制定的本国国内法律。

（2）根据本指令关于协调一致的规则，一成员国不得限制来自其他成员国的信息服务在本国的自由流通。

（3）在依据国际私法原则应当适用成员国国内法的情况下，

---

〔1〕 何其生："电子商务的法律选择规则"，载《武大国际法评论（第 4 卷）》，武汉大学出版社 2006 年版，第 210 页。

〔2〕 何其生："电子商务的法律选择规则"，载《武大国际法评论（第 4 卷）》，武汉大学出版社 2006 年版，第 210 页。

本条第 1 款也适用于本指令第 9、10、11 条所规定的情形。[1]

根据该规定，信息社会服务应该受到服务提供者的机构所在国法律管辖。

欧盟《电子商务指令》第 22 条规定："各成员国应在 2002 年 1 月 17 日之前，通过制定必要的法律法规以确保本指令得以贯彻实施，并须将执行情况从速向欧盟委员会通报……成员国在制定各自法律法规时，应注明本指令的原始依照地位，或于法律法规正式颁布时附带刊发本指令以示依照。具体采取何种处理方式，成员国可自行决定。"这一条反映了欧盟《电子商务指令》的效力。一般来说，欧盟的立法包括具有普遍适用性的条例、对特定对象具有法律约束力的决定以及指令。欧盟《电子商务指令》不同于美国《统一计算机信息交易法》的示范的无强制的性质，其一颁布就对成员国产生了约束力，且优先于欧盟各成员国法律，各成员国有将指令转化为本国法的义务，可见其具有较高的效力。

欧盟的《电子商务指令》取得了良好的效果，对促进各成员国电子商务市场的自由化和一体化产生了积极影响。随着技术的不断革新和电子商务事业的快速发展，欧盟委员会将加强对该指令在成员国执行情况的监督，以保障电子商务市场的顺利发展。

4.《数字单一市场战略》。自《建立欧洲共同体条约》签订以来，建立单一市场，实现欧洲内部人员、货物、资金的自由流动，始终是欧洲共同体的最终目标。随着互联网的出现和信

---

〔1〕 电子合同的处理（第 9 条）、须告知的情况（第 10 条）和合同的成立（第 11 条）。

息技术的发展，欧盟内部市场中的信息和数据的互联互通成为欧盟经济的增长的重要突破点。一方面，信息技术改变了传统的交易方式，增加了跨境交易的可能性，因此对于促进欧洲单一市场的建立起到了极大的推动作用；另一方面，数字产业的蓬勃发展极大地丰富了内容市场，使传统的内容产品得以借助互联网而且仅以非常低的成本在整个欧盟甚至世界范围内流动。可以说，数字领域互联互通不仅会成为经济发展的润滑剂和助推器，还将推动单一市场和欧洲一体化的深化发展。

　　电子商务是欧盟内部市场最重要的增长因素。然而它的增长潜力还未完全发挥。如果从电子商务的角度来看，欧盟的发展相对滞后于美国。因此，欧盟委员会负责数字经济的委员奥廷格疾呼"欧盟必须奋起直追"。为了增强欧盟的竞争力并促进增长，欧盟必须尽快作为并鼓励经济主体，以释放数字单一市场的所有潜力。只有所有的市场参与者能够顺利参与在线货物买卖并能安心地在电子商务中从事交易，数字单一市场的所有潜力才能被释放。以市场参与者缔约为基础的合同法规则，是经营者在货物跨境电子交易决策中的核心因素。这种规则同时也能影响消费者，使其愿意参与在线交易并信任此种购买方式。欧盟委员会的考虑策略是：首先在电子商务领域实现法律的完全统一，并以此为之后在电子商务以外的领域实现法律的完全统一铺平道路。为建立统一的数字商品、服务和资本市场，欧盟委员会于2015年5月6日公布了"数字单一市场战略"。[1]欧盟委员会为统一关于提供数字内容和在线销售货物的法律规

---

　　〔1〕　COM（2015）192 final，http：//ec. europa. eu/priorities/digital – single – market/index_ de. htm.

定，公布了一项立法动议。其中包括两个方面：一是关于数字内容合同的特定方面的指令建议；二是关于在线货物销售和其他远程销售合同的特定方面的指令建议。

2011 年颁布的《消费者权利指令》是首个对数字内容的概念进行界定的欧盟法律。其第 19 条规定，"数字内容"是指："以数字形式产生并提供的数据，如计算机程序、应用、游戏、音乐、视频或者文本，不论这种数据是通过下载或者流媒体的方式获取，还是通过有形媒介或其他方式。"欧盟于 2015 年年底发布的《关于数字内容合同的特定方面的指令建议》[1] 以全面协调的方式，试图在欧盟数字内容合同领域建立统一的消费者保护水平。在该指令建议中，"数字内容"是指："以数字形式制作并提供的数据，包括视频和音频内容、应用、数字游戏以及其他软件；对消费者提供的数据以数字形式进行制作、加工和存储的服务；实现对其他用户以数字形式提供的数据的共同使用或对此种数据实现其他交互使用的服务。"

欧盟于同期发布的《关于在线货物销售和其他远程销售合同的特定方面的指令建议》[2] 第 1 条规定了其适用对象和适用范围，即规定了有关出卖人和消费者之间订立的远程货物买卖合同的特定要求，特别是关于货物与合同相符、货物不符合合同约定情形下的救济措施及其行使方式。该指令所称之"远程买

---

〔1〕 Proposal for a Directive of The European Parliament and of The Council on Certain Aspects Concerning Contracts for the Supply of Digital Content, 09. 12. 2015, COM (2015) 634final.

〔2〕 Proposal for a Directive of the European Parliament and of the Council on Certain Aspects Concerning Contracts for the Online and Other Distance Sales of Goods, 09. 12. 2015, COM (2015) 635 final.

卖合同"是指：在非同时实际在场的经营者和消费者之间，通过事先设置好的远程范围内而订立的买卖合同，合同的订立是直到以及在合同订立之时，仅使用包括互联网在内的一种或多种远程通讯手段。

上述两项指令建议尤其不再采取建立一整套全面规则的方式，而是包含了一系列有针对性的和完全协调的规则，将适用范围限于在线和其他远程货物买卖，也将适用范围扩展到不以金钱为对价供应的特定数字内容方面。其总体目标是通过创建真正的数字单一市场之机遇，以求得欧盟内部市场更快速的增长，并造福于消费者和经营者。两项建议通过消除阻碍跨境交易中与合同法相关的核心障碍，将减少因复杂的法律框架给消费者和经营者带来的不确定性，并降低各国合同法歧异所导致的经营成本。

（四）其他国家和地区

1. 日本。日本于 2000 年 5 月 31 日通过了《电子签名及认证业务法》及认证相关法律，并于 2001 年 4 月 1 日起付诸实施。其立法旨在对电磁记录的真实性推定和指定认证服务许可及其他有关电子签名的必要事项作出规范，通过确保电子签名稳妥使用，以促进采用电子手段的信息传播和处理，从而有助于市民生活质量之提高及整个国家经济之健全发展（第 1 条）。

该法涉及电子签名的立法原则、宗旨、电子签名的种类与效力、认证机关的职能及其认定条件、承认外国认证机关颁发之电子证明书的效力问题，指定调查机构的标准，以及对电子签名犯罪的惩罚等。

《电子消费者合同法》制定于 2000 年，2001 年 12 月 25 日起施行。这是一部确认不公平合同无效制度的法律。该法鉴于消费者与经营者之间在信息的质与量以及交涉能力方面的差距，通过允许消费者在因经营者的一定的行为而产生误解或者发生困惑的情况下，取消合同的要约或者承诺的意思表示，以及认定免除经营者的损害赔偿责任的条款及其他构成对消费者利益的不当侵害的条款的全部或者一部分为无效，从而谋求消费者利益的保护。[1]

2. 德国。1997 年 6 月，德国联邦下议院通过了世界上第一部规范计算机网络服务和使用的法律《为信息与典型服务确立基本规范的联邦法》（以下简称《多元媒体法》）。《多元媒体法》的实施对于网络应用和行为规范第一次提供了法律构架的成文规范。[2]

值得指出的是，《多元媒体法》并不是一部单行的只针对电子商务和电子合同及计算机方面的法律，而是包括了《电信服务使用法》《电信服务信息保护法》《数字签名法》三部，并且包括了对现行《刑法》《著作权法》《价格标示法》等法律的补充与修正。

《多元媒体法》颁布的主要目的是取消德国现行法律对于电子商务和网络电子合同上的种种障碍和矛盾，明确电子商务及电子合同的法律定位，保障德国电子商务环境的健康发展。该法共有 11 章，每一章都独立地规范制定了一种新的规定，即重点阐述一种法律，广泛涉及电子商务的方方面面。其中，《多元

---

〔1〕 ［日］伊藤进等：《消费者法》，日本评论社 2006 年版。
〔2〕 王利明："中德买卖合同制度的比较"，载《比较法研究》2001 年第 1 期。

媒体法》中与电子合同相关的第 3 条，就对"电子签名"作了自己的定义，即电子签名是一种以数字信息的形式签订的。因此，对我国电子合同法的立法方向也很有借鉴意义。

3. 加拿大。1999 年 3 月，加拿大通过《统一电子商务法》，该部法律共分四部分：第一部分对基本功能对等规则进行了规定，明确说明这些规则适用于人们以明示或默示的方式同意使用电子文件的任何交易。第二部分为"合同"，对电子商务合同的成立以及效力、电子文件收讫的承认以及发送和接收电子文件的时间和地点等问题作出规定。第三部分规定政府可以根据当时的规则，选择使用电子文件。第四部分对货物的运输作出特别规定，允许在许多需要特别文件形式的领域中使用电子文件。

关于电子合同的订立，《统一电子商务法》对"电子代理人"的定义是："在做出反应或行为时，无需自然人的审查，而能全部或部分地做出一个行为或对电子文件或行为做出应答的计算机程序或任何电子手段。"并且合同的订立需通过电子代理人相互或由自然人与电子代理人订立。

4. 新加坡。新加坡作为亚洲国家，在电子商务立法方面是走在前列的。早在 1998 年，新加坡政府就通过了《新加坡电子交易法》。

这是一部综合性的电子商务法，共有 12 章 46 条，在对电子商务和电子合同立法上规定得比较全面。该法制定的目的就是在新加坡创造安全可信赖的电子商务发展的良好环境，以期可适用于公私领域的电子通讯及电子商务，此外，该法通过对电子签名的规定，使其拥有法律承认的效力，并让电子形式的合同具备一致性与可预测性。

值得指出的是，该法对于电子签名、电子合同、电子认证等定义，大部分沿用或借鉴了联合国《电子商务示范法》的规定。关于电子合同订立方面，《新加坡电子交易法》第 11 条规定："除非缔约人之间另有承诺，要约与承诺的作出必须由电子记录生成且不能由于电子合同是电子记录所形成而否定其有效性或强制执行力。"第 15 条还明确规定了电子记录发送与送达之间的时间与地点。

继 1998 年《新加坡电子交易法》之后，新加坡政府又陆续在 1999 年推出了其配套法律《新加坡电子交易（认证机构）规则》和《新加坡认证机构安全方针》，任命了认证机构的管理署及其内部结构。

二、电子合同在全球主要国家和地区的应用现状

（一）美国应用现状

下面将以 America Online, Inc. v. Superior Court（Mendoza）案看美国在电子合同领域的法律适用情况。

原告 Mendoza 住所在加利福尼亚州，是美国在线（America Online, AOL）的用户。他及其他 AOL 的用户每月要向 AOL 缴纳 5 美元~22 美元的费用，由他们授权 AOL 每月从其信用卡上自动扣除。Mendoza 以及一部分用户称已经在 1999 年 10 月通知 AOL 终止了服务订购，但 AOL 仍然每月从其信用卡上扣除费用。2000 年 2 月 Mendoza 被迫注销其信用卡账号，才终止了 AOL 的这种行为。Mendoza 向加利福尼亚州 Alameda 县法院为自己及其他有类似情况的用户提起了一个集团诉讼，要求法院对 AOL 发布禁令，并判处其承担补偿性和惩罚性损害赔偿，以及返还非法扣除的费用。AOL 向法院提出延缓或驳回起诉的动议，其理由是原告与被告之间达成的服务合同中有一项法院地选择条款，规定用户和 AOL 之间所有的争议应该排他地由弗吉尼亚州法院管辖，该条款还规定该协议适用弗吉尼亚州的法律，但是不包括其冲突法。法院于 2000 年 9 月驳回了 AOL 的动议。AOL 向加州上诉法院上诉，要求加州上诉法院对其县法院发出履行责任令，继而又取消其裁定并驳回 AOL 的申请。AOL 又向加州最高法院上诉，最高法院要求上诉法院说明其理由，上诉法院在其最终作出的说明中所给的理由基本上与县法院的相同。[1]

分析这一判例，法院的做法是对《统一计算机信息交易法》第 109 条（a）款的很好注解。法院作出如此裁判的理由在于：

1. 在自由、自愿且合理的情况下，加州法律允许双方当事人订立法律选择条款。但法院认为这种选择的法律须与交易有逻辑联系，并且最重要的是，加州消费者依据加州法律享有的实质性权利不应因执行法律选择条款而受到实质性损害。

2. 上述实质性损害应由被告负举证责任，而本案中 AOL 并不能证明因选择了弗州法律而使加州的消费者根据加州法律所享有的实质性权利未被剥夺。

3. 法院对加州的《消费者法律救济法》（CLRA）与弗州的《消费者保护法》（VCPA）作了如下对比：

（1）CLRA 允许单个消费者为自己和其他消费者的利益提起集团诉讼，并申请禁令禁止此种行为继续发生：VCPA 则没有关

---

〔1〕 金振豹、房亚群："美国合同领域冲突法的新发展——计算机信息交易合同中的法律适用问题"，载《研究生法学》2001 年第 4 期。

于集团诉讼的规定，这构成了救济手段上的缺失。

（2）CLRA 规定消费者提起诉讼的时效为 3 年；VCPA 规定的诉讼时效仅为 2 年，比前者少了 1 年的时间。

（3）CLRA 规定消费者有权获得的最低赔偿金额为 1000 美元，要求返还财产和取得惩罚性赔偿；VCPA 规定消费者或者要求返还财产并就实际损失取得赔偿，或者取得最低为 500 美元的赔偿，只有在证明恶意损害的情况下消费者才能获得 1000 美元的最低损害赔偿，若是"无意的"，消费者只能要求返还财产。

（4）CLRA 规定消费者可在律师费及其他费用方面获得赔偿；VCPA 仅规定法院"可能"判给律师费和其他费用。

显然，VCPA 没有为消费者规定与 CLRA 实质上相同的权利。如此，若按照该案件的法律选择协议适用弗州法律则构成了对加州法律关于消费者权利的放弃，这就违背了加州的公共政策，因而是不允许的。

可见，尽管《统一计算机信息交易法》扩大了计算机信息交易双方选择法律的范围，但由于存在公共秩序保留和消费者权利保护的问题，被选择的法律很有可能在其他州被认为无效。在美国国内各州之间的情形如此，在国际层面上更是如此。发展中国家的消费者权利保护水平远不如美国，这样，当事人协议选择外国法或者根据《统一计算机信息交易法》第 109 条（b）款的规定指向外国法时，法院地可以外国保护水平不够或者违背了美国的公共秩序为由而拒绝适用，转而适用本国法。法院在这个问题上是有很大的自由裁量权的。

（二）欧洲应用现状

欧盟有关电子合同法律适用的最著名的判决是雅虎案。

2000 年初，美国雅虎网站在其网上拍卖站点上公开拍卖纳粹纪念品，法国网民可以通过互联网到该站点上浏览、购买纳粹纪念品，从而使法国国民认为雅虎网站有宣传纳粹思想的嫌疑。于是巴黎国际反种族主义、反犹太主义联盟和法国反种族主义运动组织等对雅虎网站在法国提起了诉讼。法国法院适用了本国禁止展示和销售纳粹物品的法律，做出了雅虎必须在网站上设置过滤器以阻止法国用户进入拍卖纳粹物品的网站部分的判决。[1]

随后，雅虎网站在美国北加州联邦法院提起诉讼，要求确认法国法院的判决违反美国宪法第一修正案而不予执行。北加州联盟地方法院最终判决雅虎网站胜诉，不会在美国境内执行违反美国宪法对言论保护的外国的命令。[2]

在本案中，法国法院与美国法院均适用了本国法，即法国法是目的地国法律，美国法是来源地国法律。法国法院认为雅虎网站宣扬纳粹思想而违背了法国法律，故而要求雅虎网站对其网站上发布的内容进行限制。而依照美国宪法第一修正案，除至关重要的政府利益外，原则上禁止政府制定限制言论自由的规定，法国的这一判决违反了对美国言论自由的保障，并且法国法院判决所限制的内容不精确，无法通过美国最高法院设立的对限制言论之规定应采取严格审查的标准。可见，美国法院未支持法国法院的判决是由于法国法院的判决违反了美国的宪法修正，即违反了美国公共秩序而不予采纳。设想本案中

---

〔1〕 何其生：《电子商务的国际私法问题》，法律出版社 2004 年版，第 283页。

〔2〕 Yahoo Inc. v L a Ligue Contre Le Racisme et L´Antisemitisme，169 F. Supp. 2d1181，30 Media L. Rep. 1001，N. D. Cal.，Nov 07，2001.

如果巴黎国际反种族主义、反犹太主义联盟和法国反种族主义运动组织等直接到美国法院起诉，那么美国法院就面临着选择适用来源地国法律即美国法还是适用目的地国法律即法国法的问题。如适用美国法，则法国当事方的要求根据美国宪法第一修正案得不到支持，如适用法国法，也会因为违背美国的公共秩序而支持雅虎的立场。

第三节　电子合同与新一代信息技术

国务院《"十二五"国家战略性新兴产业发展规划》明确要加快建设宽带、融合、安全、泛在的下一代信息网络，突破超高速光纤与无线通信、物联网、云计算、数字虚拟、先进半导体和新型显示等新一代信息技术的发展。[1] 在国务院《关于加快培育和发展战略性新兴产业的决定》中明确指出关于发展"新一代信息技术产业"的主要内容是"加快建设宽带、泛在、融合、安全的信息网络基础设施，推动新一代移动通信、下一代互联网核心设备和智能终端的研发及产业化，加快推进三网融合，促进物联网、云计算的研发和示范应用。着力发展集成电路、新型显示、高端软件、高端服务器等核心基础产业。提升软件服务、网络增值服务等信息服务能力，加快重要基础设施智能化改造。大力发展数字虚拟等技术，促进文化创意产业发展"。

---

〔1〕 中华人民共和国国务院："国务院关于印发'十二五'国家战略性新兴产业发展规划的通知"，载 http://www.gov.cn/zwgk/2012 - 07/20/content_2187770. htm，最后访问时间：2016 年 6 月 21 日。

信息技术（Information Technology，IT），是主要用于管理和处理信息所采用的各种技术的总称。它主要是应用计算机科学和通信技术来设计、开发、安装和实施信息系统及应用软件。它也常被称为信息和通信技术（Information and Communications Technology，ICT），主要包括传感技术、计算机与智能技术、通信技术和控制技术。在世界范围内，信息技术产业已成为最具有变革性的产业之一，自 2008 年国际金融危机后，以移动互联网、智能终端、大数据和云计算等为代表的新兴信息技术，已逐步成为新一轮信息技术产业发展的重点和方向，[1] 电子合同行业因此方兴未艾。

一、电子合同与互联网服务

1. 互联网的基础服务功能。互联网主要分为传统互联网和新型互联网，传统互联网是指以链路网络作为接入网络的互联网及服务，传统互联网的基础服务为：

（1）电子邮件服务。电子邮件是通过电子邮件系统进行传送的，电子邮件系统是一种利用电子手段进行信息的转移、存储、实现非实时的人与人之间的通信系统。

（2）远程登录服务。远程登录是在网络通信协议（Telnet）的支持下，使本地计算机暂时成为远程计算机仿真终端的过程。

（3）文件传输服务。文件传输协议（File Transfer Protocol，FTP）是 Internet 上文件传输的基础，它允许用户将文件从一台计算机传输到另一台计算机上。

---

〔1〕 梁智昊、许守任："'十三五'新一代信息技术产业发展策略研究"，载《中国工程科学》2016 年第 4 期。

（4）电子公告板。电子公告板（Bulletin Board System，BBS）是一种利用计算机通过远程访问得到的一个信息源及报文传送系统。

（5）网络会话。网络会话（Internet Relay Chat，IRC）诞生于20世纪80年代的芬兰，属于存储转发的通信业务，即用户先把信息输入到计算机，再通过计算机将这些信息转发到某一地方，使接收者可在适当的时候看到它。

新型互联网又称下一代通信网络，下一代通信网络（NGN）是指一个建立在IP技术基础上的新型公共电信网络，它能够容纳各种形式的信息，在统一的管理平台下，实现音频、视频、数据信号的传输和管理，提供各种宽带应用和传统电信业，是一个真正实现宽带窄带一体化、有线无线一体化、有源无源一体化、传输接入一体化的综合业务网络。[1]它是以软交换为核心的，能够提供包括语音、数据、视频和多媒体业务的基于分组技术的综合开放的网络架构，代表了通信网络发展的方向。[2]NGN具有分组传送、控制功能从承载、呼叫/会话、应用/业务中分离、业务提供与网络分离、提供开放接口、利用各基本的业务组成模块、提供广泛的业务和应用、端到端QoS和透明的传输能力通过开放的接口规范与传统网络实现互通、通用移动性、允许用户自由地接入不同业务提供商、支持多样标志体系，

---

〔1〕 天津经济课题组虞冬青等："新一代信息技术未来新引擎"，载《天津经济》2014年第6期。

〔2〕 天津经济课题组虞冬青等："新一代信息技术未来新引擎"，载《天津经济》2014年第6期。

融合固定与移动业务等特征。[1]

2. Web 服务。三网融合[2]后，信息服务将由单一业务转向文字、话音、数据、图像、视频等多媒体综合业务。三网融合打破了电信运营商和广电运营商在视频传输领域长期的恶性竞争态，促进一系列服务迭代升级。

万维网（World Wide Web，WWW）是 Internet 上集文本、声音、图像、视频等多媒体信息于一身的全球信息资源网络，是一种交互式图形界面的 Internet 服务。Web 是一种信息检索工具，但它与一般的信息检索工具之间有很大的差异，主要表现在，"一般的检索工具每次只能从一台主机（服务器）上查找所需文件，且文件只含有一种类型的数据，比如 ASCLL 码数据；而 web 检索则可以一次从多个主机中找到所需数据，且允许在这多台主机中使用不同类型的数据，并将这些数据形成一份文件，如 ASCLL 码数据或二进制数据，也可以是声音或图像"[3]。

WWW 服务采用客户机/服务器（C/S）工作模式，以超文本标记语言 HTML 与超文本传输协议 HTTP 为基础，为用户提供界面一致的信息浏览系统。HTML 是用于创建超文本文件的编程语言。可用该语言向普通文件中添加一些特殊的标识符，使在

---

〔1〕　天津经济课题组虞冬青等："新一代信息技术未来新引擎"，载《天津经济》2014 年第 6 期。

〔2〕　三网融合是指电信网、广播电视网、互联网在向宽带通信网、数字电视网、下一代互联网演进过程中，三大网络通过技术改造，其技术功能趋于一致、业务范围趋于相同，网络互联互通、资源共享，能为用户提供语音、数据和广播播电视等多种服务。三合并不意味着三大网络的物理合一，而主要是指高层业务应用的融合。

〔3〕　汤小丹等：《计算机操作系统》，西安电子科技大学出版社 2007 年版，第 303 页。

所生成的文件中，含有其他多类型的文件，如声音、图像等，我们把这种文件叫作超文本文件。HTTP（Hyper Text Transfer Protocol）是一个通用的，面向对象的客户（Web 浏览器）/服务器（Web 服务器）协议。该协议所包含的内容涉及一般语法和标识符的约定，定义了协议中所用的字符集、编码方式、媒体类型等参数。[1]

Web 服务建立在 Internet 上的，因而不仅信息资源丰富、信息传播范围广，而且对信息的获取也极为方便，致使 Web 信息服务的应用极为广泛，已被用于信息查询、广告宣传、电子商务、电子银行、电子出版等诸多行业，[2] 而伴随该类电子商务的兴起，电子合同的存取行业形态也逐渐产生。

3. 移动互联网。移动互联网是移动通信网络与互联网的融合，用户以移动终端接入无线移动通信网络（2G 网络、3G 网络、WLAN 等）的方式访问互联网；另一方面，移动互联网还产生了大量新型的应用，这些应用与终端的可移动、可定位和随身携带等特性相结合，为用户提供个性化的、位置相关的服务。[3]

移动互联网是指以移动网络作为接入网络的互联网及服务。移动信息化，是指在现代网络通信技术、移动互联网技术构成的综合通信架构的基础上，通过移动终端、智能手机等众多平台的信息相互沟通，实现管理、业务以及服务的电子化、网络

---

〔1〕 汤小丹等：《计算机操作系统》，西安电子科技大学出版社 2007 年版，第 304 页。

〔2〕 汤小丹等：《计算机操作系统》，西安电子科技大学出版社 2007 年版，第 304 页。

〔3〕 罗军舟、吴文甲、杨明："移动互联网：终端、网络与服务"，载《计算机学报》2011 年第 11 期。

化、移动化、信息化，向企业、社会以及公众提供高效优质、规范透明、随时可得、媒体互动的全方位管理与服务。[1]

移动服务应用集成是随着智能终端的大规模使用而逐渐发展起来，特别是企业 BYOD 应用服务的持续不断推进，总结目前市场上的相关的平台和实现方式，归纳出其应用集成的主要特点如下表所示：

表2－4　移动服务应用集成特点

主要特点	描　　述
跨平台、跨终端支持	客户端支持 Window mobile、iPhone、Andriod、BlackBerry 等主流操作系统的手机和平板电脑
多网络支持	支持目前市场的 WCDMA、CDMA2000 定义及最新的 LTE 4G 等无线网络，并实现网络接入的智能切换
高安全性	使用现代的技术手段保证系统以及网路传输的安全性、可靠性，主要方式有无线传输加密、手机数据存储加密、手机锁频技术、手机防暴力破解等
高通用性	对不同的业务系统来说是透明的，通过标准化的服务接口在不同的系统之间实现所需的业务功能，而不需要为每个应用系统都设立单独的移动终端程序

4. 互联网服务在电子合同上应用。互联网给商品贸易带来了革命性的变化，一种基于互联网平台而产生的贸易方式，结合以电子货币结算的支付手段，以及依托客户信息数据的崭新

---

[1]　杨卫强："移动信息化"，载《信息方略》2013 年第 19 期。

的商业模式应运而生，这就是电子商务（Electronic Commerce）。1996 年，IBM 公司提出了 Electronic Commerce（E‑commerce）的概念，认为 E‑commerce 是企业与其业务对象在贸易过程的各个阶段应用信息化手段。[1] 电子商务活动主要是商务贸易双方通过利用计算机在互联网中传输数据电文进行磋商并缔结合同的交易模式，并产生以数据电文形式的崭新合同形式，称电子合同。[2]

移动终端和接入网络是应用服务的基础设施：

表 2‑5　网络贸易基本技术架构及研究对象

架构层次	研究对象[3]
移动终端	终端硬件、操作系统、软件平台、应用软件、节能、定位、上下文感知、内容适配和人机交互
接入网络	无线通信基础理论与技术、蜂窝网络、无线局域网、多跳无线网络、异构无线网络融合、移动性管理与无线资源管理
应用服务	移动搜索、移动社交网络、移动互联网应用拓展、基于云计算的服务、基于智能手机感知的应用
安全与隐私保护	内容安全、应用安全、无线网络安全、移动终端安全、位置隐私保护等

---

〔1〕 李广乾、沈俊杰："电子商务与电子商务经济：概念与框架"，载《产业经济评论》2014 年第 3 期。

〔2〕 麦智杰："论 B2C 模式下电子合同的法律效力"，华南理工大学 2016 年硕士学位论文。

〔3〕 罗军舟、吴文甲、杨明："移动互联网：终端、网络与服务"，载《计算机学报》2011 年第 11 期。

电子合同又称电子契约，是指当事人之间通过电子方式设立、变更、终止民事权利与义务的协议。[1] 电子合同是在相互不见面的前提下订立的，当事人在进行要约与承诺过程中，无法知道另一方的行为能力状况。也就是说，电子合同是完全出自于对网上信息的理解而作出的，至于对方是谁，只能通过电子签名与身份的认证去得知。[2] 对于电子合同来说，合同的双方当事人并不可能实现签字签章，只能通过在计算机中完成某种操作，以确认其身份或表达其意思表示。电子签名技术是通过运用计算机密码技术，对订约人身份进行确认的一种电子认证技术。电子签名其实就是一串数据或代码，这些数据或代码能表明签名人的真实身份。

我国《电子签名法》对电子签名的定义是："电子签名，是指数据电文中以电子形式所含、所附用于识别签名人身份并表明签名人认可其中内容的数据"。因此，能够在电子文件中识别双方交易人的真实身份，保证交易的安全性和真实性以及不可抵赖性，起到与手写签名或者盖章同等作用的签名的电子技术手段，称之为电子签名。

近年来，以移动互联网、智能终端、大数据、云计算等为代表的新一代信息技术产业正在酝酿着新一轮的信息技术革命。[3] 而新出现的电子合同 SaaS 服务平台正是基于移动互联

---

[1] 吴卓强："电子合同的效力：法律规范、道德约束与技术控制"，载《求索》2001 年第 4 期。

[2] 吴卓强："电子合同的效力：法律规范、道德约束与技术控制"，载《求索》2001 年第 4 期。

[3] 梁智昊、许守任："'十三五'新一代信息技术产业发展策略研究"，载《中国工程科学》2016 年第 4 期。

网、智能终端、云计算等新一代信息技术而构建的新型互联网服务。

二、电子合同与区块链

电子合同行为是在计算机中操作的（包括设立、变更、甚至修改与储存），加上其合同信息以磁性介质保存，是无形物。因此，从技术上说，修改或者伪造可以不留任何痕迹，具有易改动性,[1] 因此需要引入状态保全技术对其进行保全。区块链技术可以用于电子合同的存证业务，也可以应用于构建智能合约系统。

（一）区块链起源

区块链技术起源于 2008 年由化名为"中本聪"（Satoshi Nakamoto）的学者在密码学邮件组发表的奠基性论文《比特币：一种点对点电子现金系统》[2]，在论文中阐述了拜占庭将军问题（Byzantine generals problem），拜占庭将军问题是分布式系统交互过程普遍面临的难题，即在缺少可信任的中央节点的情况下，分布式节点如何达成共识和建立互信。[3] 因此引入一种去中心化（开放式、扁平化、平等性，不具备强制性的中心控制的系统结构）数据库技术作为解决方案，区块链技术便开始进入人们的视野。

区块链技术首先在金融领域以比特币的应用形态为人们所

---

〔1〕 吴卓强："电子合同的效力：法律规范、道德约束与技术控制"，载《求索》2001 年第 4 期。

〔2〕 S. Nakamoto, "Bitcoin: A Peer – to – Peer Electronic Cash System [Online]", available: https://bitcoin. org/bitcoin. pdf, 2009.

〔3〕 Fan Jie, Yi Le – Tian, Shu Ji – Wu, "Research on the Technologies of Byzantine system", *Journal of Software*, 2013, 24（6）.

关注，但是比特币并不具有内在的固有价值，也没有任何权威机构的信用背书，其能够产生价值取决于使用者对它未来发展前景的看法，来自于接受者对由区块链技术所形成的未来去中心化组织架构的信心。

（二）区块链技术原理

区块链是指利用数学和技术手段记录数据信息，对达到指定大小的数据进行打包形成区块并链接进入往期区块形成统一数据链的数据记录方式。区块链技术则是指不依赖第三方、通过自身分布式节点进行数据交互、验证、存储的一种技术方案。一般情况下提到的区块链均指区块链技术。

区块链技术是利用加密链式区块结构来验证与存储数据、利用分布式节点共识算法来生成和更新数据、利用自动化脚本代码（智能合约）来编程和操作数据的一种全新的去中心化基础架构与分布式计算范式。区块链采用非对称加密算法[1]解决网络之间用户的信任问题。区块链使用"工作量证明"（Pow, proof of work）及"权益证明"（Pos, proof of stake）或其他的共识机制，再加上加密技术，使一个不可信网络变成可信的网络，从而让所有参与者可以在某些方面达成一致，而无需信任单个节点，因此具有去中心化、时序数据、集体维护、安全可信等特点。

在区块链系统中，每个节点保存了整个区块链中的全部数据信息，因此，整个网络中，数据有多个备份。网络中参与的节点越多，数据的备份个数也越多。这种数据构架，各节点数据是所有参与者共同拥有、管理和监督的。一方面使得每个节

---

〔1〕　非对称加密算法需要两个密钥：公开密钥（public key）和私有密钥（private key）。

点可以随意加入或者离开网络，而保证网络的稳定性；另一方面使得数据被篡改的可能性更小。

　　区块是记录比特币交易信息的数据单元，它由区块头和区块内容两部分组成。区块的链接是通过区块头数据的哈希值来完成的，区块链使用这个哈希值作为所有区块的唯一标识，通过区块头中所记录的父区块哈希值便可在区块链中找到所链接的唯一区块。这样就通过每个区块链接到各自父区块的哈希值序列创建了一条从最新区块追溯到第一个区块的链条，从而形成所有区块的一种链状数据结构。交易数据是带有一定格式的交易信息，交易信息应包含以下字段：

表2-6　区块数据结构结构

字段	子字段	大小	描述
区块头	区块大小	4字节	本区块字节大小（不含本字段在内）
	版本号	4字节	标示区块协议版本
	父区块哈希值	32字节	上一区块（父区块）的区块头哈希值
	默克尔树根	32字节	本区块中所记录交易
	时间戳	4字节	本区块的产生时间
	难度目标	4字节	产生本区块所进行的工作量证明计算的难度目标
	随机数	4字节	用于工作量证明算法的随机数
区块内容	交易数量	1~9字节	本区块记录的交易数量
	交易	由交易数量决定	本区块的所有交易，数据结构记录

分布式共识是区块链价值信念的来源，解决中心化机构普遍存在的高成本、低效率和数据存储不安全等问题提供了解决方案。嵌入该系统内有价值物的真实性由关联当事双方线下身份的共识行为和时间戳所确认，其完整性由系统协议和运算程序所维护，其不可篡改性和操作行为可追溯性由区块链最底层的证明机制所保障。

（三）区块链应用

区块链技术在大数据时代有着越来越广泛的应用，从技术角度看，区块链是一种利用去中心化和去信任的方式集体维护同一本大数据簿的可靠方案。该方案使得这个系统中的任意多的节点，通过使用密码学方法相关联产生的每个数据块中都包含一定时间内的系统的全部信息交流的数据，并生成数据指纹用于验证其信息的有效性和链接下一个如此生成数据库块。除了金融领域以外，区块链去中心化、分布式记账、不可篡改、操作可追溯等技术特点使得其在其他领域的应用的推广成为必然。

我们甚至可以进一步展望，这样以区块链技术为基础，再加以辅助方法形成的合约机制，将符合法律框架的各方协商认同的标准化代码作为执行基础，用程序代替合同，以约定条件的达成作为程序执行的触发点，将会形成由代码定义并强制执行的智能合约，将会产生新型的信任关系，扩展到托管交易、债权合同、第三方仲裁、无形财产证明等多种类型的社会性契约中去，甚至形成未来信用基础的新型范式。

表2-7　区块链基础架构

应用层	比特币网络	DAPP
		智能合约
		EVM
控制层	区块链网络；全节点；轻型节点	
协议层	P2P网络；共识机制；GHOST；广播机制；poW；PoS；激励机制	
传输层	块头；块体；链式结构	
支撑层	时间戳；Merkles树；SHA256（Hash）；交易数据	

　　区块链技术核心功能就是不依靠中心或者第三方机构，从而保障数据的真实可信，打破信任壁垒，极大降低了业务开展需要支付的信任成本，促进业务的高效开展。[1] 区块链本质上是分布式数据库技术，数据库中存储的对象不仅可以是比特币等"价值"量，还能够存储其他需要进行注册、认证、追溯、交易或共享的量，例如所有权、生产流程、控制信号、版权甚至健康档案。[2]

　　区块链可编程、可提供灵活的脚本代码系统的特点，支持用户创建高级的智能合约、货币或其他去中心化应用。在区块链出现之前的数字货币，都是通过可信任的中心化第三方机构来保证，以前是银行，现在是支付宝、微信支付等。区块链技

---

　　〔1〕　张宁等："能源互联网中的区块链技术：研究框架与典型应用初探"，载《中国电机工程学报》2016年第15期。

　　〔2〕　张宁等："能源互联网中的区块链技术：研究框架与典型应用初探"，载《中国电机工程学报》2016年第15期。

术通过共识机制和分布式账本，不需要可信第三方就可以解决双重支付的问题是数字货币的一大突破。

区块链技术的突出优势在于去中心化设计，通过运用加密算法、时间戳、树形结构、共识机制和奖励机制，在节点无需信任的分布式网络中实现基于去中心化信用的点到点交易，解决了目前中心化模式存在的可靠性差、安全性低、高成本、低效率等问题。[1] 从区块链技术应用方向进行考虑，当前主流方向主要有三大类别：

表2－8　区块链技术应用方向

应用类别	区块链技术应用方式
信息安全服务	区块链 P2P 网络中客户端均有同样的数据副本，实现了数据的存储不再依赖极少的中央服务系统；信息交互使用时间戳、数字签名等手段，避免了受到黑客攻击时数据受到非法篡改的情况；区块链技术的多重签名扩展技术可以保证重要数据的访问权限不易被非法获得。这些应用特点可以实现用户个人隐私数据的安全存储服务，例如个人的财产、医疗等隐私信息

---

〔1〕　沈鑫、裴庆祺、刘雪峰："区块链技术综述"，载《网络与信息安全学报》2016 年第 11 期。

续表

应用类别	区块链技术应用方式
公共信用服务	区块中哈希值效验、时间戳等严格界定了区块的次序，保障了区块信息的不可篡改和伪造。因此区块链技术可以用作政府机构颁发的证书、执照、许可证，甚至可以作为个人身份信息的证明，实现诸如选举投票、民主评议等。同时在对相关信用信息进行验证时，任意时间都可以通过区块链数据访问快速证明信用信息的真实性，减少原有通过纸质、人工进行复杂验证的损耗
金融交易服务	区块链的不可预支价值体系保障了区块承载权益的"真实性"，保障了不可信双方间进行金融权益交易的安全性。因此可以用于资金交易、债券交易、网络借贷等商业模式，能够避免繁琐的身份验证、交易清算过程，降低金融交易成本。金融交易服务是区块链技术应用中最早也是最为适合的应用环境

时间戳可以作为区块数据的存在性证明（Proof of existence），有助于形成不可篡改和不可伪造的区块链数据库，从而为区块链应用于公证、知识产权注册等时间敏感的领域奠定了基础。为未来给予区块链式电子合同增加了时间维度，使其通过区块存储数据和时间戳来重现历史成为可能。

这种由底层技术所保证的共识机制在法律方面所凸显的优势主要表现在公证领域，民事活动中所产生的部分举证问题将通过以区块链技术为支持的机制所解决。电子合同是通过计算机网络系统订立，以数据电文的方式生成、储存或传递的合同。电子合同又称为"电子商务合同"，我国法规将之定义为"双方或多方当事人之间通过电子信息网络以电子的形式达成的设立、变更、终止财产性民事权利义务关系的协议"。电子合同是合同的新形式，是被法律认可的一种合同订立形式。它是通过计算机网络进行的，有别于传统的合同订立方式，整个交易过程都需要一系列的国际国内技术标准予以规范，如电子签名、电子认证等。这些具体的标准是电子合同存在的基础，如果没有相关的技术与标准是无法实现和存在的。

表2-9　区块链应用状态

应用阶段	合同应用场景
区块链1.0	虚拟货币、相关交易及支付结算
区块链2.0	金融领域各类业务及其他经济活动，一部分应用已处于开发测试阶段。例如，证券回购、股票、债券与衍生品交易等
区块链3.0	非经济领域，绝大多数应用还处在概念论证或早期研发阶段（Burgess，2015）。例如，政府管理、法律、科学、教育、健康、艺术、文化以及通讯产业等，以及对外汇清算、银团贷款、证券回购、股票交易、反洗钱等五大类金融应用

（四）区块链存储框架

区块链的安全问题除了其自身底层协议和机制的安全性外，

还包括其上层应用的安全性。区块链自身的底层已具有较完备的安全机制，安全性较高，但与智能手机中的应用程序漏洞或恶意应用程序造成的系统安全问题类似，把区块链作为某种应用的底层技术时，区块链自身的安全性并不能保证区块链之上的应用本身的安全性。[1]

区块链的存储保障架构主要通过区块链技术的应用以保障其内容能够被不可更改地保存、无需信任地维护。从模式架构上看，区块链是一种利用去中心化[2]和去信任[3]的方式集体维护同一本大数据簿的可靠方案。该方案使得这个系统中任意多的节点，通过使用密码学方法相关联产生的每个数据块中，都包含一定时间内的系统全部信息交流数据，并可验证其信息有效性和链接下一个如此生成的数据块。

在以区块链技术为底层保障的系统中，数据的安全由对称加密算法[4]保障，使得存储在区块链上的交易信息是公开的，而账户身份信息是高度加密的，只有在拥有授权时方能访问。

---

〔1〕 谢辉、王健："区块链技术及其应用研究"，中国计算机学会第31次全国计算机安全学术交流会论文集。

〔2〕 去中心化：在一个分布有众多节点的系统中，每个节点都具有高度自治的特征，节点之间彼此可以自由连接，形成新的连接单元，任何一个节点都可能成为阶段性的中心，不具备强制性的中心控制功能。具有开放式、扁平化、平等性的特征。

〔3〕 去信任：参与整个系统中的每个节点之间进行数据交换是无需互相信任的，整个系统的运作规则是公开透明的，所有的数据内容也是公开的，因此在系统指定的规则范围和时间范围内，节点之间不能也无法欺骗其他节点。

〔4〕 对称加密算法：数据发信方将明文（原始数据）和加密密钥一起经过特殊加密算法处理后，使其变成复杂的加密密文发送出去。收信方收到密文后，若想解读原文，则需要使用加密用过的密钥及相同算法的逆算法对密文进行解密，才能使其恢复成可读明文。

数据的真实由区块链的独特共识机制所维护，每一个区块都能够通过相互验证彼此存储的信息来确认真伪，要想篡改信息并不受机制和共信力约束，就必须对系统中超过半数的节点均进行同样的修改，即修改者至少需要占有 51% 的计算能力，这在实际操作中几乎不具有可行性。

以下作图对区块结构进行说明：

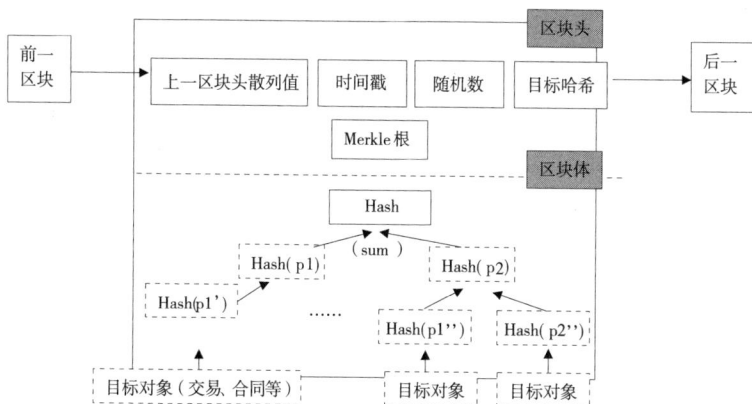

图2-1 信息存储的真实性保障结构

（五）区块链与电子合同存证

1. 法链存证流程。区块链存证并不存储数据原文，而是存储原文数据经过哈希运算生成的"数字指纹"，等到需要时，再提供原文出来进行哈希比对。其具体流程如下：

（1）哈希运算。电子档案、合同、图片、著作、健康报告、影视资料、证明等电子数据经过哈希运算后，生成一段固定长度的原数据的唯一特征数据，称为原数据的"数字指纹"，该

"数字指纹"具有以下特点：

第一，无法由"数字指纹"推出原数据的内容。

第二，原数据的任何一点改动后，重新生成的"数字指纹"是不可预料的。

（2）电子签名。利用非对称加密技术，存储方对数据经过私钥签名后发送到区块链网络，签名的目的是明确数据的来源不可抵赖，并保证传输过程不可篡改。

（3）写入区块。发送到区块链网络的存证数据会经过一次共识后打包成区块，并同步给网络中的各个节点分布式存储。

（4）出证。当用户需要对存储的数据进行证明时，可联系链上的公信力机构（如公证处、司法鉴定机构、高校、征信机构等）出具证明报告。

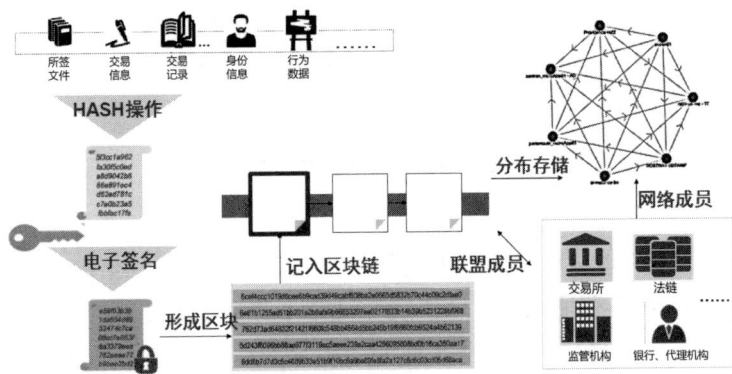

图 2-2　法链存证流程

2. 区块链数据不可篡改原理。

（1）区块数据结构。

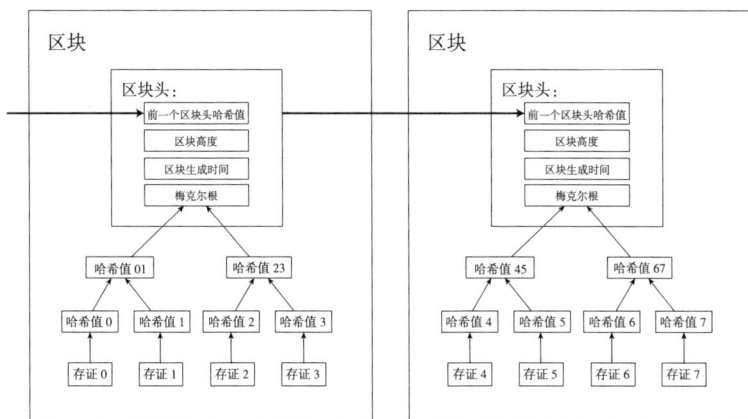

图2-3 区块数据结构

区块分为两部分：区块头和区块体，区块头包含了区块的一些重要信息，区块体组织了所有的存证数据。

区块体中的存证数据通过梅克尔树的形式组织起来，每一个存证数据经过哈希运算后得到存证ID，存证ID两两组合起来再一次哈希得到父节点，然后再一次两两组合哈希，最终得到根节点称为梅克尔根，由于哈希运算的特点是原始数据的改动一定会使哈希值改变，因此该树结构的一个特点是最底部叶子节点的任何一个改动都会使最后的根节点值不一致。

区块头包含了梅克尔根和前一个区块头哈希值等数据，如果历史区块的某一个存证数据发生变化，必然会造成包含该数据的区块头中的梅克尔根变化，区块头的哈希值也会变化，会与后一个区块头中包含的前一个区块头哈希值不一致，从而发现有人修改了数据。这类似我们合同中的骑缝章效果。

（2）共识机制。区块链的数据结构设计，使得任何对区块数据的篡改都会被发现，因此唯一可行的办法是从修改的区块开始重新生成其后所有的区块。区块链通过共识机制产生区块，法链的共识机制具有确定性，一旦区块生成，历史的链就是确定的，不会产生分叉，因此利用分叉对区块进行重写也成为不可能。

通过以上设计，法链实现了区块中数据的不可篡改。

电子合同存证流程示例。电子合同本质是电子数据，电子数据具有易篡改、易删除的特性。为了使用户在平台上签署的电子合同真正合法有效，需对电子合同签署全流程进行存证，利用法链区块链，可以方便地对接电子合同签署平台，平台将签署过程的关键环节存档，并将存档文件哈希值存储到区块链，实现电子合同全流程存证。存证流程如下图所示：

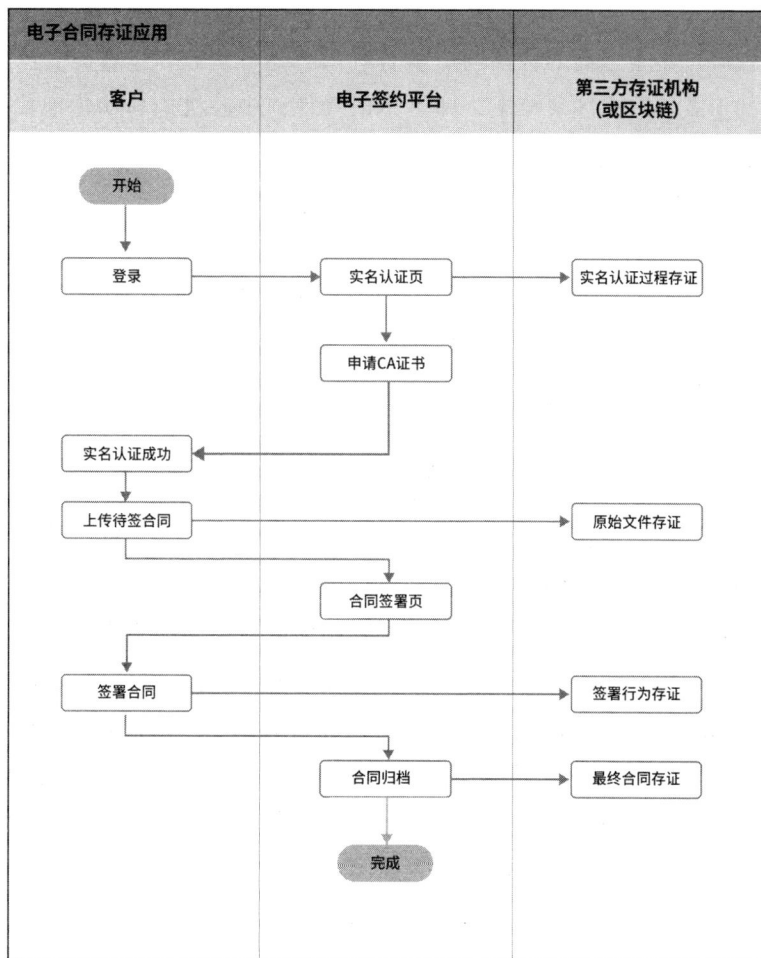

图2-4　电子合同全流程存证

（六）区块链与智能合约

区块链技术的智能合约是一组情景——应对型的程序化规

则和逻辑，是部署在区块链上的去中心化、可信息共享的程序代码。签署合约的各参与方就合约内容达成一致，以智能合约的形式部署在区块链上，即可不依赖任何中心机构自动化地代表各签署方执行合约。[1]

1994 年，密码学家和数字货币研究者尼克·萨博（Nike Szabo）提出了智能合约的理念。他对智能合约作了如下定义："一个智能合约是一套以数字形式定义的承诺，包括合约参与方可以在上面执行这些承诺的协议。"数字形式是指合约中体现出来的权利与义务的关系可以写入计算机的可读代码中，只要参与合约的各方达成与权利义务有关的协议，计算机或者计算机网络就可以自动执行完成。他认为智能合约的基本理念是，"许多合同条款能够嵌入到硬件和软件中"。这就意味着智能合约作为一套计算机程序，能够自动执行合约条款，对接收到的信息进行回应并对外发送信息，同时它还可以对存储的资产进行回应。简单来说，智能合约的工作原理类似于其他计算机程序的if－then 语句，当一个预先编辑好的条件被触发时，智能合约执行相应的合同条款。[2]萨博的智能合约理念的产生与互联网几乎是同时的，但是当时智能合约还只是停留在理论阶段，究其原因可能有以下两个方面：一方面因为智能合约难以控制实物资产，无法保证合约的有效执行；另一方面就是信任问题，中心化的系统中所保存的相关合约，容易被系统所有者随时随地修

---

〔1〕 沈鑫、裴庆祺、刘雪峰："区块链技术综述"，载《网络与信息安全学报》2016 年第 11 期。

〔2〕 唐文剑等编著：《区块链将如何重新定义世界》，机械工业出版社 2016 年版，第 21 页。

改甚至是删除，从而阻碍智能合约的执行，难以获得合约方的信任。这两方面的原因导致了智能合约的实践发展远远落后于理论的发展。

然而随着区块链技术的发展，智能合约成为现实，区块链技术的应用可以有效解决智能合约存在的问题：首先，区块链为完全数字化资产的记录和转移奠定了基础，完全的数字资产使得智能合约可以有效控制资产，合约在条件被满足时就会被有效地执行。其次，区块链最大的特点就是去中心化，每个人都是一个中心，相关的指令只需要在个人之间进行循环，不需要由中心化的系统来保存信息，因此合约的内容就可以避免被更改，合约更加具有可靠性。最后，区块链具有去信任化的特点，参与智能合约的各方根本不需要有对彼此的信任，只需要对技术的信任，即相信区块链会将智能合约完成就可以了。

在区块链技术支持下的智能合约拥有着巨大的优势，智能合约应具有以下特点：其一，一致性：智能合约应与现有法律一致，必须经过具有专业法律知识的专业人士制定审核，不与现有法律冲突，具有法律效力。其二，可制定性：智能合约是可制定的，多个合约可以合并成一个复合或复杂合约。其三，可观察性：合约方能够通过用户界面去观察关于合约的所有状态，包括合约本身及合约执行过程的记录等。其四，可验证性：合约方执行合约的过程是可验证的。其五，强制性：对于违反合约行为的制裁必须是强制性的，这需要把资产变得数字化可控，并且由密码协议保证其安全。其六，接入控制：具有相关合约利益的人才能接触相应的合约信息，即与合约相关的知识、控制、执行都应该作为资产保护起来，只有发生争执时，才把内容提供给第三方检验。[1] 满足以上特点的智能合约，保证了合约一旦启动就会自动运行，无需签署方进行干预，可以最大限度减少恶意和意外的状况，从而使智能合约可以降低欺诈损失，有效降低签约、执行、仲裁和执法以及其他交易成本。

现在有些技术已经可以被认为是智能合约实践的尝试，比如数字现金协议。数字现金协议是一种表示现金的加密序列数，可以表示各种金额币值，既能够帮助实现网上支付又能够保留纸币现金不可伪造性、私密性和可分性的特点。其中 Digicash 就是一个匿名的数字现金协议，其步骤如下：其一，消费者从银行取款，他收到一个加密的数字钱币（Token），这个 Token 可以当钱用；其二，消费者对这个 Token 做加密变换，使之仍能够被商家检测其有效性，但却不能跟踪消费者的身份；其三，消费者在某商场消费可以使用该 Token 来购物或购买服务，消费者进一步对该 Token 用密码变换以纳入商家的身份；其四，商家检验该 Token 以确认以前未收到过此 Token；其五，商家给消费者发货；其六，商家将该电子 Token 发送给银行；其七，银行检验该 Token 的唯一性，至此消费者的身份仍然保密，除非银行查出该 Token 被消费者重复使用了，则消费者身份仍会暴露，消费者的欺诈行为也会暴露。数字现金协议不能仅仅是一个协议，更重要的是该协议能够保证交易。这就意味着，如果交易方付款，商品就会被发送或者可以说商品一旦寄出，发货方就会收到钱，从而降低商业交易欺诈的风险并且降低执法成本。智能合约在另一个重要领域的运用就是合成型资产。这

---

〔1〕 胡凯等："智能合约的形式化验证方法"，载《信息安全研究》第 12 期。

种新型的资产是由资产证券与衍生品以各种各样的方式融合而形成的。智能合约可以对这些复杂的期限结构进行计算化的分析，以往非常复杂的期限结构支付现在可以建成标准化的合约，达到降低交易成本的目的。

在今天，数字现金和合成资产已经出现了，智能资产成为智能合约下一步将要实现的目标。萨博在其论文中就预想到了智能资产，他是这样表述的："智能资产可能以将智能合约内置到物理实体的方式，被创造出来。"智能资产的设计目的是将智能合约嵌入到有形的实物之中，其核心是控制所有权，并且在区块链注册的数字资产，能够通过私钥来随时使用。举个例子来说明，在房屋出租这样的交易中，所有的门锁都是与互联网相连接的，当租客与房东进行了一笔比特币交易时，双方所达成的智能合约将自动为租客打开房门，租客只要用其所有的存储在智能手机中的钥匙就能进入房屋，租赁期间届满，智能合约将会自动收回数字钥匙。

在未来，智能合约在分布式交易所、金融衍生品、身份认证、医疗健康和科学发现等领域还有更广泛的应用。智能合约可以用在股票交易，先设定一个触发的机制，使得股票交易到达某个设定的价格就自动地执行股票的买卖；智能合约还可在众筹平台上使用，因为智能合约可以实现从投资者的账户将资金划拨到创业者的账户，并且对创业者的开销进行跟踪，从而保障投资者的权益；智能合约在抵押贷款方面有较强的优势，一般来说，抵押贷款需要贷款处理费用，例如向银行获得抵押贷款，银行一般会将抵押贷款卖给投资者，这样一来，银行就成为贷款者还款的处理机构，这些还款的大部分是支付给投资者的，但是银行通常需要较长的时间，可能长达一个季度或者半年左右来处理抵押贷款的还款问题，处理该项业务银行会收取相应的服务费用。如果在抵押贷款中应用智能合约，则不需要依靠中间的处理机构，节约了处理费用；智能合约在医疗健康行业也可以得到较好的应用。智能合约可以促进身体各项数据的共享。个人将与身体健康相关的数据发送到区块链，该数据会被加密，并且个人的真实身份也会被隐藏，以此来保护个人的隐私，智能合约将会触发个人需要的医疗服务例如疾病的治疗，智能合约的另一方如医生们将会给出相应的治疗方案。

智能合约平台目前比较受到关注的就是以太坊，以太坊是由俄裔加拿大天才科学家 Vitalik Buterin 开发的。以太坊主要是使用 Solidity 编写智能合约，并在微软云服务上提供了智能合约工具箱，简单地讲，以太坊 = 区块链 + 智能合约。以太坊是智能合约的基础设施，以太坊为开发者提供了一个创建和发布他们各自区块链应用的平台，以太坊可以用来编程、分散、担保和交易任何事物，例如投票、金融交易、众筹、公司管理等等。以太坊平台能够创建、执行智能合约，这样的功能使得以太坊受到了银行和金融技术行业的青睐，成为它们重要的选择，通过智能合约，银行和金融机构能够使他们的后台程序的运行实现自动化，从而提升整个流程的效率，降低人力和时间的成本。目前使用以太坊技术平台的公司包括了纳斯达克、摩根大通、Visa 等。另一个受到关注的智能合约平台是 Symbiont，其根源可以追溯到 Overstock 的 Medici 项目和 Counterparty 项目，目前，Symbiont 正在致力于建立一个用于发行区块链智能证券和交易智能证券的平台，据悉，该公司已经获得 700 万美元的融

资，估值已经达到了 7000 万美元，智能合约平台的发展极为
迅速。

表 2 - 10　智能合约应用层次

层次	名称	描述
第一层	智能合约代码	以区块链为技术基础的代码
第二层	智能法律合同	被用来指代该技术的特定应用，如用区块链来补充或代替现有法律合同的方式，成为智能合约代码和传统法律语言的整合
第三层	智能替代合约	用智能合约代码创建有商业价值的全新合同形式

　　智能合约的运行过程如下：智能合约封装预定义的若干状态、转换规则、触发条件以及对应操作等，经过各方签署后，以程序代码的形式附着在区块链数据上，经过区块链网络的传播和验证后被记入各个节点的分布式账本中，区块链可以实时监控整个智能合约的状态，在确认满足特定的触发条件后激活并执行合约。[1] 嵌入智能合约，既可以提高交易流程以及中后台审批授权的自动化，减少手工干预，降低操作风险和人员费用；又可以把事后执行环节的不确定性，转化为事前预授权，增进信任、促进交易。

---

　　〔1〕　沈鑫、裴庆祺、刘雪峰："区块链技术综述"，载《网络与信息安全学报》2016 年第 11 期。

三、电子合同与多方通信

（一）多方通信的基本应用

随着 Internet 和多媒体技术的发展，基于 Internet 的多方通信成为市场应用的重点。所谓多方通信，就是有三个或三个以上的人或组织同时进行信息交流。所谓多方通信服务业务，是指通过通信网络实现国内两点或多点之间实时的交互式或点播式的话音、图像通信服务，包括国内多方电话服务业务、国内可视电话会议服务业务和国内因特网会议电视及图像服务业务。可见，多方通信业务将原有的点对点通信模式进行扩展，形成了多点之间的全交互通信模式的一种崭新的业务方式。[1]

传统的点对点通信方式已经不能满足广大用户现代办公和生活的需要。多方通信系统是在当今通信、计算机网络技术充分成熟的背景下，集语音及数据交换、计算机电话集成等多项技术研制而成的综合型多方通信业务平台。多方通信业务是一个多对多通信的分布式系统，底层实现的关键是多点控制技术。

表 2－11　多方通信应用途径

业务类型	描述
电话会议	通过 Web、语音、客服平台等方式实现对会议的在线管理和查询，会议的召开可以不受时间、地点的限制，也不局限于电话终端，能充分满足用户内部及时沟通的需要

---

〔1〕　参见信息产业部的《电信业务分类目录》。

续表

业务类型	描述
集群通信	数字蜂窝移动通信网络的新型集群通信业务，突破了传统集群通信系统在空间上的局限性，业务的覆盖由单个城市或地区延伸至运营商的整个通信网 用户可以通过此业务进行控制台指挥、小组作业和组间任务调度等功能
主题聊天室	把因特网上聊天室搬到移动电话网上来。用户除了参与聊天，还可以自己建立房子，也可以和好友进入私聊频道，基本上实现因特网上的聊天的语音版本
多方语音QQ业务	通过 Web 方式输入对对碰匹配条件，向系统发起匹配请求，系统找到合适的匹配结果后直接将匹配会员的 ID 号返回给用户。用户可以通过 Web、语音、客服平台等方式实现对语音聊天的在线管理和查询

（二）多方通信的应用特征

三种会议发起方式：用户拨号建立业务的使用者以直接拨号的方式建立会议，然后等待或直接拨号呼叫与会者。系统自动建立由系统定时建立预约的会议并呼叫所有与会者，预定会议可以直接拨号预定，也可以由专用管理软件或用户预定。控制台建立由系统的控制台发出指令，建立和控制会议。

多种会议参与方式：用户自拨与会者直接拨号并输入会议号，加入必须经过会议建立者一般即会议主持人的同意或输入正确的密码。用户呼叫由会议建立者直接拨号呼叫与会者。系统呼叫由系统自动呼叫所有与会者。控制台呼叫由系统的控制台发出指令，呼叫特定与会者多种会议形式。双工会议参加会议者可以同时发言，自由交谈，也可经会议主持人通过或话机操作控制参加会议者的发言。半双工会议同一时刻只能有一方发言。广播会议只有固定的几方发言，其余与会者只有听的功能。

完善的鉴权功能：鉴权功能是各种业务切入会议桥资源的接口，不同的业务需要的鉴权方式是不一样的，我们应该提供的鉴权方式有用户主叫号鉴权方式。根据用户拨入时的主叫号码确定是否可以使用本业务。一些只对本地用户开展的业务可以使用这种接入方式。用户密码鉴权方式。根据用户拨入后输入的密码确定用户是否可以使用本业务。这是最常用也是最麻烦的鉴权方式。基本上对各种业务都能适用。设定号码段方式。运营商设定某些电话号码段的用户可以使用本业务。虚拟专用网的用户使用会议桥时使用的鉴权方式就应该是设定号码段方式。

完善的会议管理功能：在会议保密方面，拥有会议的加锁与解锁、添加或除去密码功能；在主持人功能方面，拥有了解参会人数与成员个别通话、允许或禁止所有人发言、允许或禁止某与会者发言、指定与会者、呼叫与会者等功能；在查询功能方面，可以查询与会者、查询制定与会者与会时长或费用、查询总时长或费用等功能；在管理主持人方面，拥有录音管理主持人、切换会议主持人、结束会议主持人等功能。

（三）多方通信的保障技术

电子签名技术具有广阔的发展前景，这是网络技术发展给人类社会发展带来的必然结果，未来的世界必定是电子的世界，一切事物都将数字化。在多方通信领域，电子签名也将不仅仅局限于信息的传递，还将出现在更多的场合，如远程会议等。

XML 和基于 XML 的结构是智能文档的关键，XML 所具备的显示与内容相分离的特点，也是智能文档的主要特征之一。智能文档扩宽了传统文档的概念，使电子文档可以更直接地跟数据库、应用系统或者其他终端进行交互，甚至使得文档自身可以不断随着软件环境的变化而变化。

可扩展标记语言（extensible markup language，XML）是 W3C 制定的可扩展的文本标记语言，它是一种可以定义数据描述语言的语言，如标记语法或词汇、交换格式和通信协议，实现企业内部和企业之间的电子数据交换，它也是 Web 服务平台中表示数据的基本格式。XML Web 服务是实现某种应用程序的可编程实体，通常由以下几部分组成：用于查找 XML Web 服务的发现机制、用于定义服务用法的服务说明及通信所使用的标准连网格式。

客户端的 Web 服务会向 UDDI 或其他目录服务提供中心发起注册查询，定位 XML 服务的请求；其次，Web 服务的发现，比如在该例中请求发现某个文档，如果服务器端知道服务的文档路径，则回传客户端文档所在 URL，随后，客户端继续发布服务请求说明到之前找到的 XML Web 服务器，XML Web 服务器则返回服务的说明，最后客户再次发送 XML Web 服务器请求到服务器并获取服务的返回响应，至此完成整个 XML Web 服务的请求和响应。

（四）电子合同的多方通信

在十多年的发展历程中，我国多方通信市场经历了三个发展阶段：应用质量取决于设备质量的多方通信 1.0 时代、通信体验依仗多方通信服务提供商服务水平的多方通信 2.0 时代。如今，随着多方通信服务类型多样化以及企业沟通需求复杂化，多方通信服务业态呈现出服务与咨询并重态势——实际上，咨询业务模式正成为多方通信市场的新的驱动力，而这正是多方通信 3.0 时代的显著特征。电子合同缔约系统可以与多方通信技术进行有效结合。在电子合同的谈判以及合同文本磋商修改阶段，缔约各方可以通过多方通信技术进行合同条款的磋商和谈判，并可帮助用户留存与合同磋商有关的文字、音视频等电子数据。商务部于 2013 年发布的《电子合同在线订立流程规范》5.1 规定：电子合同订立系统应当具备以下功能：允许使用人引入合同范本，能够按照使用人要求的格式生成符合法律要求的合同文本；允许进行在线谈判和合同文本修改；能够实现多媒体通讯（文字、视频、音频、移动通信）方式的交流互动；实现合同信息和谈判信息的实时传输、实时备份，备份的信息数据可追溯、可复制；……从中可以看出，多方通信技术将成为电子合同订立系统不可或缺的一个重要部分。

四、电子合同与系统安全

（一）电子合同系统安全问题

信息化进程，正以"彻头彻尾彻里彻外"的形式，以前所未有的速度、深度和广度，走向人类社会（人）与计算机网络（机）、物理世界（物）彻底融合，越来越多的信息流正在越来越快地与能量流、物质流融汇交织，跨越了时空的限制，相互作用，造就了一个更加广义的网络空间。[1]

由于电子合同是在基于开放的通信网络或 Internet 上传输，如何确保电子合同信息不被窃听和篡改，以及如何将实体的印章转化为电子印章并具有有效性，需要一系列的数字加密技术和安全架构体系作为安全保证。[2] 计算机系统安全所面临的威胁主要有来自网络上的攻击、计算机病毒、木马程序和自身系统漏洞几种。[3] 而在日常生活中，造成计算机系统中信息被窃取的原因来自多方面，有可能是因为用户没有注意对个人信息进行保密，也有可能是因为在使用存储工具转移数据的时候没有采取屏蔽措施。[4]

计算机信息系统是指由计算机及其相关的配套设施包括网络所构成的，按照一定的应用目标和规划对信息进行采集、加工、储存、传输、检索等处理的系统。计算机信息系统安全就是要来保护这一系统的稳定性和安全性，通常是指计算机信息的防护措施和安全检测措施。

网络环境下电子合同系统涉及有诸多问题，如异构性、移动化、敏捷性、安全性、复杂性及移动性等，因此需寻求技术设计平台解决该类业务问题。

---

〔1〕　田静："海云创新试验环境构建与关键技术专辑序言——发展海云协同计算，应对三元融合挑战"，载《网络新媒体技术》2012 年第 6 期。

〔2〕　汤小丹等：《计算机操作系统》，西安电子科技大学出版社 2007 年版，第 322 页。

〔3〕　孙研："计算机网络信息系统安全问题的分析与对策"，载《科技资讯》2015 年第 11 期。

〔4〕　赵景、万明："计算机信息网络安全现状与防范措施探讨"，载《科技展望》2014 年第 11 期。

表 2 - 12 电子合同系统设计分析

问题/需求	主要特点	解决手段
异构性和移动化	电子合同的交互，建立在分布式、异构网络或环境下	互联网服务
敏捷性	合同审批过程动态响应业务规则	业务流程设计
安全性	信息或文件在网络传输中被伪造或篡改和电子印章的使用管理	电子签名及时间戳
复杂性	系统设计在适应业流程务的快速变化的同时需要降低开发成本和快速应用开发	平台设计流程优化
移动性	通过移动终端访问系统的业务需求	多终端平台

（二）电子合同系统安全技术

电子合同的保障则来自法律的应用和技术的控制，电子合同的保护更多是技术问题，包括效力问题、管辖问题、证据问题、付款问题等，都离不开技术的控制。另外，由于电子合同信息存储于网络中，不仅可能受到物理威胁，而更有可能受到来自网络的各种攻击，从而造成系统瘫痪或数据消失。

由于移动网络的环境复杂，同一时间点不同位置的数据传输连接的稳定程度不同，如何解决数据在传输过程中完整性并可验证来确保电子合同有效性和不可抵赖性，是系统安全的问题，需要寻求技术管理和系统设计的方案解决。

1. 数据加解密。运用加解密技术的目的是防止信息的非授权泄露。数据加密技术是最基本的网络安全实现技术；数据加密技术一般主要分为数据传输、数据存储、数据完整性的鉴别及密钥管理技术四种。

其基本做法是：先由发送方设置一个密钥后对信息进行加密并通过网络传送于接收方，接收方用自己的私钥对密钥进行解密，得到对方的密钥后再对信息进行解密，便可收到完善的信息。

2. 数字签名。电子签名，也称数字签名，是指数据电文中以电子形式所含、所附有用于识别签名人身份并表明签名人认可其中内容的数据，[1] 由符号和代码组成，由发送方应用自己的私钥对信息加密生成，并逻辑地与信息内容连接，用以表示签名者对信息的认可。实现电子签名的技术手段有很多，如：生物特征统计学为基础的生物测定系统，识别发件人身份的密码代号、密码或个人识别码 PIN；在实践中依赖数字签名和生理特征签名[2] 手段保证自然人在网络空间的身份识别。

电子签名的科学基础来源于哈希算法（Hash）生成的文件哈希值之不可重复。哈希算法为单向摘要算法，通常使用的有 MD5 算法[3]、SHA - 1 算法[4] 和 SHA - 256 算法，对于任意长

---

〔1〕《电子签名法》第 2 条。

〔2〕 生理特征签名：生理特征签名技术是指利用与用户个人的生理特征相联系的，能够用于人身识别的生理信息所制作的一种签名。

〔3〕 MD5：Message Digest Algorithm（中文名为消息摘要算法第五版）为计算机安全领域广泛使用的一种散列函数，用以提供消息的完整一致性保护，具有压缩性、容易计算、抗修改性、强抗碰撞等特点。

〔4〕 SHA：Secure Hash Algorithm（译作安全散列算法）是美国国家安全局（NSA）设计，美国国家标准与技术研究院（NIST）发布的一系列密码散列函数。SHA - 1 作为其散列函数家族之一，在许多安全协议中广为使用，曾被视为是 MD5 的后继者。

度数据都可进行运算，生成固定长度的哈希值，操作中不存在两个不同文件为同一个哈希值的情况，当输入数据发生少量变化时即可引起哈希值的巨大变化。因此通过对比检查该结果是否被更改，即能够排除伪电子签名的可能。

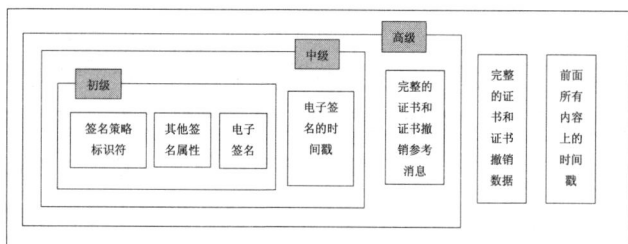

图 2-5　时间戳与电子签名的循环维护图

电子签名技术在信息安全、身份认证、数据完整性、不可否认以及匿名性等方面有着广泛的应用，已成为信息安全不可缺少的一项措施。

3. 时间戳系统[1]。《中华人民共和国电子签名法》的颁布实施，确立了数据电文的法律效力，规定了不得因其以电子形式存在而否认其证据效力。但是数据电文（电子数据）存在的内容和时间易被人为篡改、无痕性、易变性、开放性等特点，严重影响了其作为证据的法律效力。时间戳的应用解决了电子文件/数据易被无痕篡改、产生时间不确定、主体身份不明确等关系电子证据法律效力的重大关键问题，可信时间戳技术与电子签名技术的结合有效地证明了什么人在什么时间固化了一个

---

〔1〕　资料来源：中国科学院国家授时中心官网：http：//www.ntsc.cas.cn/，最后访问时间：2017 年 6 月 25 日。

什么样的电子数据（电子文件）。

时间戳系统由时间戳服务、时间戳监控服务两部分组成。时间戳服务提供给用户对数字文件进行加盖时间戳、验证时间戳服务。用户可以随时下载加盖过时间戳的文件所对应的时间戳文件。时间戳监控服务实时对时间戳服务运行状态进行监控，可把当前运行状态或错误报警发送至指定 EMAIL 中。时间戳系统是一种社会公共服务平台，对平台稳定性、安全性的要求非常严格。

针对目前网络数字版权中权利人取证难、诉讼难的现状，时间戳的开发与运行将有望逐步取代目前司法实践中存在部分瑕疵争议的网页公证保全等，系统的低成本、高效率运营也有望吸引更多的权利人使用。

4. 数字证书安全认证。从世界范围看，安全证书认证机构的设置主要有两种途径：一种是由政府组建或授权设立，另一种是通过市场的方式建立。无论以何种方式建立，其功能都基本相同，都是通过其技术的权威，解决网络行为人身份、信息安全等一系列问题。[1]

数字证书协议：标准数字证书由 CA（证书管理机构）签发，它包括证书申请者的信息和颁证 CA 机构的信息、定义及证书的适用范围、证书的扩展选项、证书的有效期、签名算法等。数字证书的内部格式遵守 CCITTX. 509 国际标准，最新的国际证

---

〔1〕 吴卓强："电子合同的效力：法律规范、道德约束与技术控制"，载《求索》2001 年第 4 期。

书标准是 X. 509 （v3)[1]，它包含以下几方面的信息内容：

表 2 - 13　X. 509 （v3)

	内容	解释信息
1	Version	证书的版本号
2	Serial number	数字证书的序列号
3	Sgnature algorithm	签名算法
4	Issuer name	颁发数字证书的单位
5	Validity period	公开密钥的有效期
6	Subject name	证书拥有者的姓名
7	Subject public key info	证书拥有者的公开密钥
8	Issuer unique identifier, optional	颁发者唯一标识符
9	Subject unique identifier optional	拥有者唯一标识符
10	Extension, optional	证书扩展
11	Issuefis signature	颁发数字证书单位的数字签名

　　数字证书是目前国际上最成熟并得到广泛应用的信息安全技术。通俗地讲，数字证书就是个人或单位在网络上的身份证。数字证书以密码学为基础，采用数字签名、数字信封、时间戳服务等技术，在 Internet 上建立起有效的信任机制。它主要包含证书所有者的信息、证书所有者的公开密钥和证书颁发机构的

---

〔1〕 "X. 509"．载 http://baike. so. com/doc/989919 - 1046498. html，最后访问时间：2017 年 3 月 20 日。

签名等内容。

5. 存档电子管理。数字加密技术解决了客户端在 Internet 环境下的访问系统的安全性问题，数字签名侧重解决客户端的身份验证问题，而时间戳技术则可增加电子合同伪造的难度，从而构成系统的三重安全保护措施。通过时间戳、身份信任认证以及电子签名等技术的应用，将行为人与其行为牢固绑定，将其行为与发生时间牢固绑定，将行为与证明材料牢固绑定。由此将网络信息的采集、呈递、适用、真实维护等都纳入存证框架之内，在逻辑上做到环环相扣，满足证据方法之外观。

想要实现电子合同规模化、商业化，就需要认证机构进行存档电子管理。所谓认证机构（CA，Certificate Authority），是采用公开密钥基础技术，专门提供网络身份认证服务，负责签发和管理数字证书，且具有权威性和公正性的第三方信任机构。它的作用类似于我们在现实生活中颁发证件的机构，如身份证办理机构等。

存证平台的业务内容主要为：通过对身份信息、行为信息、原文内容进行哈希运算后打包进行数字签名，并辅之以时间戳，即形成可信数字签名。任意格式的电子文件，都可以通过单向散列函数的算法，算出一个 Hash 值，其相当于一个电子文件的指纹，然后平台把这个 Hash 值上传到第三方存证机构[1]。这一流程即电子证据的固化，具体流程如下文流程图所示：

---

[1] 冯珊珊：“时间戳：给电子合同‘按指纹’”，载《首席财务官》2016 年第 12 期。

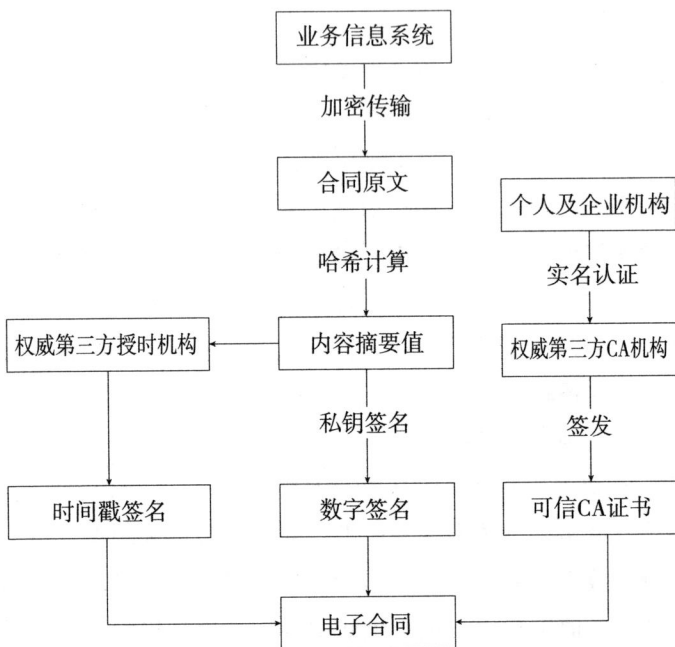

图2-6　电子合同实现原理

第三章

我国涉及电子合同的政策、法律法规及案例

第一节　我国电子合同有关的政策、法律法规及规范性文件

一、我国电子合同有关的政策

1. 《国务院关于大力发展电子商务加快培育经济新动力的意见》（发布时间：2015年5月4日）。

（二十四）确保电子商务交易安全。研究制定电子商务交易安全管理制度，明确电子商务交易各方的安全责任和义务。（工商总局、工业和信息化部、公安部）建立电子认证信任体系，促进电子认证机构数字证书交叉互认和数字证书应用的互联互通，推广数字证书在电子商务交易领域的应用。建立电子合同等电子交易凭证的规范管理机制，确保网络交易各方的合法权益。加强电子商务交易各方信息保护，保障电子商务消费者个人信息安全。（工业和信息化部、工商总局、密码局等有关部门按职责分工分别负责）

（二十六）健全法规标准体系。加快推进电子商务法立法进

程，研究制定或适时修订相关法规，明确电子票据、电子合同、电子检验检疫报告和证书、各类电子交易凭证等的法律效力，作为处理相关业务的合法凭证。（有关部门按职责分工分别负责）制定适合电子商务特点的投诉管理制度，制定基于统一产品编码的电子商务交易产品质量信息发布规范，建立电子商务纠纷解决和产品质量担保责任机制。（工商总局、质检总局等部门按职责分工分别负责）逐步推行电子发票和电子会计档案，完善相关技术标准和规章制度。（税务总局、财政部、档案局、国家标准委）建立完善电子商务统计制度，扩大电子商务统计的覆盖面，增强统计的及时性、真实性。（统计局、商务部）统一线上线下的商品编码标识，完善电子商务标准规范体系，研究电子商务基础性关键标准，积极主导和参与制定电子商务国际标准。（国家标准委、商务部）

2. 《国务院办公厅关于完善公立医院药品集中采购工作的指导意见》（发布时间：2015年2月9日）。

五、规范采购平台建设

（三）省级药品集中采购平台要面向各级医院和药品生产经营企业提供服务，提高药品招标采购、配送管理、评价、统计分析、动态监管等能力，及时收集分析医院药品采购价格、数量、回款时间及药品生产经营企业配送到位率、不良记录等情况，定期向社会公布。鼓励有条件的地方开展电子交易，采取通过药品集中采购平台签订电子合同、在线支付等多种方式，节约交易成本，提高交易透明度。

3. 《国务院关于加快发展生产性服务业促进产业结构调整升级的指导意见》（发布时间：2014年7月28日）。

（七）电子商务。

深化大中型企业电子商务应用，促进大宗原材料网上交易、工业产品网上定制、上下游关联企业业务协同发展，创新组织结构和经营模式。引导小微企业依托第三方电子商务服务平台开展业务。抓紧研究制定鼓励电子商务创新发展的意见。深化电子商务服务集成创新。加快并规范集交易、电子认证、在线支付、物流、信用评估等服务于一体的第三方电子商务综合服务平台发展。加快推进适应电子合同、电子发票和电子签名发展的制度建设。建设开放式电子商务快递配送信息平台和社会化仓储设施网络，加快布局、规范建设快件处理中心和航空、陆运集散中心。鼓励对现有商业设施、邮政便民服务设施等的整合利用，加强共同配送末端网点建设，推动社区商业电子商务发展。深入推进国家电子商务示范城市、示范基地和示范企业建设，发展电子商务可信交易保障、交易纠纷处理等服务。建立健全促进电子商务发展的工作保障机制。加强网络基础设施建设和电子商务信用体系、统计监测体系建设，不断完善电子商务标准体系和快递服务质量评价体系。推进农村电子商务发展，积极培育农产品电子商务，鼓励网上购销对接等多种交易方式。支持面向跨境贸易的多语种电子商务平台建设、服务创新和应用推广。积极发展移动电子商务，推动移动电子商务应用向工业生产经营和生产性服务业领域延伸。

4.《国家发展改革委办公厅、商务部办公厅、人民银行办公厅等关于推动电子商务发展有关工作的通知》（发布时间：2016 年 5 月 20 日）。

二、组织开展国家电子商务示范城市电子商务重大工程

建设

（一）重点支持电子商务共性信息基础设施建设

电子印章管理及电子合同的应用。整合印章相关业务主管部门及企事业单位的信息资源，在现有公章大数据平台基础上建设电子商务电子印章公共服务平台，组织有关省及一线城市进行平台对接，探索为各类电子商务市场主体提供电子印章查询、比对、验证、追溯等服务，并在前期电子发票试点基础上开展基于电子印章的电子发票应用示范。

5. 商务部等六部门关于印发《全国电子商务物流发展专项规划（2016～2020年）》的通知

四、重大工程

（八）电商物流创新工程。

支持科研机构、大专院校建立电商物流领域创新平台或研究机构，着力解决电商物流发展的重大技术瓶颈。鼓励构建产学研用创新联盟，创新体制与模式，重点开展电商物流机器人、云计算、北斗导航、模块集成、信息采集与管理、数据交换等基础技术的研发；推动电子合同、电子结算、物流跟踪、信息安全、顾客行为分析等技术应用。推动电商物流企业管理创新、服务创新和商业模式创新。

5. 《国家发展改革委、国家能源局关于印发电力体制改革配套文件的通知》（发布时间：2015年11月26日）。

（三）市场成员注册管理。省级政府或由省级政府授权的部门，按年度公布当地符合标准的发电企业和售电主体，对用户目录实施动态监管。进入目录的发电企业、售电主体和用户可自愿到交易机构注册成为市场交易主体。交易机构按照电力市场准入规定，受理市场成员递交的入市申请，与市场成员签订入市协议和交易平台使用协议，办理交易平台使用账号和数字证书，管理市场成员注册信息和档案资料。注册的市场成员可通过交易平台在线参与各类电力交易，签订电子合同，查阅交易信息等。

6. 国家税务总局关于印发《"互联网＋税务"行动计划》的通知（发布时间：2015 年 9 月 28 日）。

三、基础保障

（一）优化业务管理

4. 制定信息共享及获取机制

为了适应互联网时代企业组织结构、经营方式、交易类型日趋复杂化的新要求，我们需要突出数据思维，加强风险应对，为涉税大数据分析提供制度保障。加强与公共部门及第三方的数据协作，不断加大信息共享的广度和深度，积极推动数据的互通共享。建立与大型电商平台的数据对接渠道，及时获取有关数据，发现涉税风险点。完善获取企业电子记账、电子合同、电子支付等相关数据信息的机制与手段。

二、与我国电子合同有关的法律法规及规范性文件

（一）我国电子合同有关的法律

1.《中华人民共和国合同法》（颁布时间：1999 年 3 月 15 日）。

第十条 当事人订立合同，有书面形式、口头形式和其他形式。法律、行政法规规定采用书面形式的，应当采用书面形式。当事人约定采用书面形式的，应当采用书面形式。

第十一条 书面形式是指合同书、信件和数据电文（包括电报、电传、传真、电子数据交换和电子邮件）等可以有形地表现所载内容的形式。

2.《中华人民共和国民事诉讼法》（颁布时间：1991 年 4 月 9 日；第一次修正：2007 年 10 月 28 日；第二次修正：2012 年 8 月 31 日；第三次修正：2017 年 6 月 27 日）。

第六十三条 证据包括：

（一）当事人的陈述；

（二）书证；

（三）物证；

（四）视听资料；

（五）电子数据；

（六）证人证言；

（七）鉴定意见；

（八）勘验笔录。

3.《中华人民共和国刑事诉讼法》（颁布时间：1979 年 7 月 1 日；第一次修正：1996 年 3 月 17 日；第二次修正：2012 年 3 月 14 日）。

第四十八条 可以用于证明案件事实的材料，都是证据。

证据包括：

（一）物证；

（二）书证；

（三）证人证言；

（四）被害人陈述；

（五）犯罪嫌疑人、被告人供述和辩解；

（六）鉴定意见；

（七）勘验、检查、辨认、侦查实验等笔录；

（八）视听资料、电子数据。

证据必须经过查证属实，才能作为定案的根据。

4.《中华人民共和国电子签名法》（颁布时间：2004 年 8 月 28 日；第一次修正：2015 年 4 月 24 日）。[1]

5.《中华人民共和国电子商务法（草案）》（发布时间：2016 年 12 月 19 日提请审议）。

第三章 电子商务交易与服务

第一节 电子合同

第二十六条 当事人订立电子合同，适用本法规定。本法没有规定的，适用《中华人民共和国合同法》《中华人民共和国电子签名法》的规定。

第二十七条 电子合同当事人在电子商务活动中推定其具有相应的民事行为能力，其意思表示真实。但是有相反证据证明的除外。

第二十八条 电子商务经营主体发布的商品或者服务信息符合要约条件的，当事人选择该商品或者服务并提交订单，合同成立。当事人另有约定的，从其约定。

电子形式的要约或者承诺能够由收件人检索识别的时间视为该要约或者承诺到达的时间。

第二十九条 电子合同当事人使用自动交易信息系统订立或者履行合同的行为对使用该系统的当事人具有法律效力。

第三十条 电子合同使用自动交易系统的，在人机互动中用

---

〔1〕 本法与电子合同相关条目较多，在此不一一罗列。

户发生输入错误，而该系统未提供更正错误的方式，同时符合以下要求的，用户有权撤回输入错误的部分：

（一）该用户在发生错误后立即通知对方当事人有输入错误发生；

（二）该用户没有从对方当事人处获得实质性的利益或者价值。

（二）司法解释

1.《最高人民法院、最高人民检察院、海关总署关于印发〈办理走私刑事案件适用法律若干问题的意见〉的通知》（发布时间：2002 年 7 月 8 日）。

二、关于电子数据证据的收集、保全问题

走私犯罪侦查机关对于能够证明走私犯罪案件真实情况的电子邮件、电子合同、电子帐册、单位内部的电子信息资料等电子数据应当作为刑事证据予以收集、保全。

2.《最高人民法院、最高人民检察院、公安部印发〈关于办理刑事案件收集提取和审查判断电子数据若干问题的规定〉的通知》（发布时间：2016 年 9 月 9 日）。

一、一般规定

第一条 电子数据是案件发生过程中形成的，以数字化形式存储、处理、传输的，能够证明案件事实的数据。

电子数据包括但不限于下列信息、电子文件：

（一）网页、博客、微博客、朋友圈、贴吧、网盘等网络平台发布的信息；

（二）手机短信、电子邮件、即时通信、通讯群组等网络应用服务的通信信息；

（三）用户注册信息、身份认证信息、电子交易记录、通信记录、登录日志等信息；

（四）文档、图片、音视频、数字证书、计算机程序等电子文件。

以数字化形式记载的证人证言、被害人陈述以及犯罪嫌疑人、被告人供述和辩解等证据，不属于电子数据。确有必要的，对相关证据的收集、提取、移送、审查，可以参照适用本规定。

（三）法规、规章及其他规范性文件

1.《商用密码管理条例》（中华人民共和国国务院令第 273号，1999 年 10 月 7 日发布）。[1]

2.《电子认证服务管理办法》（中华人民共和国工业和信息化部令第 1 号，2009 年 2 月 28 日发布，2015 年 4 月 29 日修订）。

3.《信息安全等级保护管理办法》（公安部、国家保密局、国家密码管理局、国务院信息工作办公室，2007 年 6 月 22 日发布）。

4.《电子认证服务密码管理办法》（国家密码管理局于 2005年 3 月 31 日发布，2009 年 10 月 28 日修订）。

5.《卫生系统电子认证服务管理办法（试行）》（卫生部于2009 年 12 月 25 日发布）。

6.《商用密码产品使用管理规定》（国家密码管理局于 2017年 3 月 24 日发布，于 2007 年 5 月 1 日起施行）。

7.《网络借贷信息中介机构业务活动管理暂行办法》（中国

---

〔1〕 本法与电子合同相关条目较多，在此不一一罗列。以下 2. ~6. 五个文件情况相同，不再赘述。

银行业监督管理委员会、工业和信息化部、公安部、国家互联网信息办公室令 2016 年第 1 号，颁布时间：2016 年 8 月 17 日）。

第二十二条 各方参与网络借贷信息中介机构业务活动，需要对出借人与借款人的基本信息和交易信息等使用电子签名、电子认证时，应当遵守法律法规的规定，保障数据的真实性、完整性及电子签名、电子认证的法律效力。

网络借贷信息中介机构使用第三方数字认证系统，应当对第三方数字认证机构进行定期评估，保证有关认证安全可靠并具有独立性。

8.《厦门市网络借贷信息中介机构备案登记管理暂行办法》（发布时间：2017 年 2 月 4 日）。

第五条 新设立的网贷机构申请办理登记备案时，应向市金融办提交以下文件资料：

（十）已与第三方电子数据存证平台签订合同存证的委托合同复印件；

第六条 合规经营承诺书需对下列事项进行承诺：

（二）自愿加入厦门市金融风险防控预警平台，同意并授权电子数据存证服务平台将存证合同内容中的业务数据按要求上传，同意并授权合作的资金存管银行业金融机构将资金流数据按要求上传，并与业务数据进行匹配比对；

9.《上海市网络借贷电子合同存证业务指引》（上海市互联网金融行业协会于 2017 年 6 月 10 日发布）。[1]

---

[1] 本法与电子合同相关条目较多，在此不一一列举。

10.《广东省网络借贷信息中介机构备案登记管理实施细则》（征求意见稿）（广东省人民政府金融工作办公室于2017年2月14日发布）。

第八条 新设立的网络借贷信息中介机构申请办理备案登记时，应当向各地级以上市人民政府金融监管部门提交以下文件材料：

（十二）与第三方电子合同存证平台签订合同存证的委托合同复印件；

第九条 新设立的网络借贷信息中介机构申请备案登记时，应当以书面形式提交合规经营承诺书，对下列事项进行承诺：

（四）准确、及时填报或提供监管部门非现场监管系统相关数据、信息，并做好技术配合，同意并授权电子数据存证服务平台、资金存管银行机构根据监管部门要求提供数据。

11.《上海市网络借贷信息中介机构业务管理实施办法》（征求意见稿）（上海市金融服务办公室于2017年6月1日发布）。

第十条 新设立的网络借贷信息中介机构申请办理备案登记的，应当提交以下申请材料：

（十一）与第三方电子数据存证平台签订的委托合同存证的协议复印件；

第十三条 合规经营承诺书需对下列事项进行承诺，并由申请备案登记的网络借贷信息中介机构、持股5%以上的股东，以及网络借贷信息中介机构的董事、监事、高级管理人员共同签章确认：

（二）同意根据监管部门要求及时接入有关监管信息系统，

及时报送、上传相关数据；同意并授权合作的电子数据存证服务机构将相关存证数据按要求报送、上传监管部门；同意并授权合作的资金存管银行将资金流数据按要求报送、上传监管部门；同意并授权合作的征信机构将交易数据按要求报送、上传监管部门。

第二节　我国电子合同应用判例及分析

我国电子商务在迅速发展的同时也暴露出了一系列问题，涉及电子合同方面的问题主要包括电子格式合同中格式条款的效力问题，网络购物中购买到假冒伪劣产品时的处理问题，以及基于系统故障的电子合同是否有效成立的问题等。这都是实践中争议较大的问题，且都难以通过现有规定进行解决，下面选取一些具有代表性的判例并对此进行案情介绍以及对案件进行简要分析。

一、电子格式合同中的格式条款的效力问题

此类问题在实践中引发的纠纷尤其多见，有过网上购物经验的人都知道，在购物之前需要先注册成为该网站的用户，注册时页面就会显示"我同意以上条款"（以下简称"我同意"）的字样，或者在下订单的时候也会跳出一个界面，只有点击"我同意"后才能继续购物。因此存在的问题在于，这些条款中往往有一些条款属于格式条款，或者是限制消费者利益，或者是减轻商家责任，但商家可能根本不会对其中的格式条款作特别提示，如采取加粗或下划线等方法提醒消费者注意。那么这

些格式条款的效力为何呢？在实践中我们又应怎样维权呢？下面将通过两个案例对此问题进行具体分析。

1. 原告秦某诉被告纽海电子商务（上海）有限公司网络购物合同纠纷案。

（1）案情简介。在原告秦某诉被告纽海电子商务（上海）有限公司网络购物合同纠纷一案中，原告于2014年1月3日晚至4日登陆被告经营的1号店网站，并在其入驻商家网店中国银行贵金属旗舰店（上海）（以下简称旗舰店）购买中国银行BANKOFCHINA文化收藏金财神金条系列，总金额合计人民币34 100元，1号店网站随即向原告发送邮件，载明"您的订单……已成功生成。如您选择网上支付或者银行转账，请尽快付款，我们会尽快安排发货，感谢您的订购。"该邮件系1号店网站系统自动审核发送。之后，秦某以其中信银行和广发银行账户通过支付宝付清了所有款项。同月8日，该4笔订单被1号店网站客服操作取消并将款项退还给原告，且给予原告每笔订单100元（共计400元）的1号店消费抵用券。1月15日，退款成功。

经原告秦某点击过的《1号店服务协议（新版）》载明："……如果您访问1号店网站或在1号店网站购物，或以任何行为实际使用、享受1号店网站的服务，即表示您接受了本协议，并同意受本协议各项条款的约束。如果您不同意本协议中任何内容，您可以选择不适用本网站服务……""1号店网站有权根据需要不时地制定、修改本协议及/或各类规则，并以网站公示的方式进行公告，不再单独通知您。修订后的协议或将来可能发布或更新的各类规则一经在网站公布后，立即自动生效。如果您不同意相关修订，应当立即停止使用 1 号店网站服务。您继续使用 1 号店网站服务，即表示您接受经修订的协议或规则……""二、交易平台服务……2、1 号店网站上展示的商品信息（如商品名称、价格、商品描述等）仅构成要约邀请，用户通过 1 号店网站订购商品，提交订单即为购买商品的要约，商家将通过 1 号店网站发送给用户一封确认收到订单的电子邮件，其中载明订单的细节，但是，只有当商家通过 1 号店网站向用户发出电子邮件通知确认商品已发出，或商家已将商品发送至用户指定地址时，才构成商家对该订单的承诺，此时订购合同即告成立……"以上条款设定了字体加粗格式。"五、交易平台服务规则……1、价格变动规则……②如果某一商品或服务的错误定价低于正确定价，商家会根据情况，在交付商品前联系用户达成共识，或者取消订单并通知用户……"该条款仅"价格变动规则"设定了加粗格式。

（2）法院判决。法院认为本案的争议焦点为：其一，《1 号店服务协议（新版）》中相关格式条款及款到发货条款是否有效；其二，网络购物合同是否已经成立以及被告应当承担何种责任。

关于第一个争议焦点，法院认为，本案中服务协议构成点击式的格式条款。本案中上述加粗格式的服务协议条款为非免责性条款，是对服务规则及合同成立方式的约定，无免除或限制其责任的内容，符合法律规定；且 1 号店网站已经将字体设定为加粗格式，消费者可以较为明显地注意到该条款，应当认定为有效条款。被告提供先付款后发货这一种付款方式，可能有利于交易安全，而不能认为加重消费者责任、对原告不公平。

另外，服务协议中关于价格变动的规则，即当某一商品或服务的错误定价低于正确定价时，商家在交付商品前可以联系用户达成一致或者取消订单并通知用户的条款，商家并未使用相关技术措施明显地提醒消费者注意该条款，且该条款有商家免除自己责任的嫌疑，因此该条款应认定为无效条款。但该条款的无效并不影响其他有效条款的适用。

关于第二个争议焦点，法院认为，根据服务协议的约定，"只有当商家通过 1 号店网站向用户发出电子邮件通知确认商品已发出，或商家已将商品发送至用户指定地址时，才构成商家对该订单的承诺"，因被告或者旗舰店未做出有效承诺，故该网络购物合同尚未成立。在本案中，原告所下订单的交易对象为旗舰店，假设旗舰店发出商品信息，已构成要约邀请，在原告完全按照要约邀请下单即发出要约后，旗舰店又取消订单拒绝承诺，违反了诚实信用原则，构成缔约过失，应当向原告承担缔约过失责任。因在审理中被告明确表示拒绝向原告披露旗舰店的真实名称、地址和有效联系方式，按照《中华人民共和国消费者权益保护法》第 44 条第 1 款的相关规定，旗舰店的缔约过失责任应由被告先行赔付。又因在审理中被告自认该商品信息系因被告自身系统升级发生故障导致已下架商品以低价格上架，致使原告下单，对此被告未举证证明；即使被告所述属实，被告也未尽到合理的注意义务，应当承担相应的提供网络交易平台服务瑕疵的赔偿责任。

（3）分析。随着电子商务的快速发展，网络购物也迅速兴起，网络服务提供商为了节省交易成本，并提高交易效率，于是大量采用格式条款，也因此而形成"点击合同"。点击合同是指网络服务提供商为了重复使用而预先拟定条款，并通过网络用户阅读协议条款后选择同意按钮而订立的合同[1]。本案中的服务协议即为点击合同。

针对第一个争议焦点，网络服务协议中的格式条款是由网络服务提供商单方面制定的，消费者不能就具体条款与网络服务提供商进行协商，而只能要么选择接受，要么选择放弃。我国法律并不禁止格式条款的存在，但仍需满足一定条件。我国《合同法》第39条第1款规定："采用格式条款订立合同的，提供格式条款的一方应当遵循公平原则确定当事人之间的权利和义务，并采取合理的方式提请对方注意免除或者限制其责任的条款，按照对方的要求，对该条款予以说明。"第40条规定："格式条款具有本法第52条和第53条规定情形的，或者提供格式条款一方免除其责任、加重对方责任、排除对方主要权利的，该条款无效。"因此，要想使协议中的格式条款对消费者发生作用，首先，要公平合理地分配当事人之间的权利义务。其次，要以合理的方式提请对方注意。在本案中，被告在点击合同中对消费者利益有影响的条款都进行了加粗，且条款内容并不涉及免除网络服务提供者的责任，或者免除或限制消费者权利等违法内容，因此可以认定该格式条款是有效的。但是，服务协议中关于价格变动的规则有免除商家自身责任之嫌。根据该条款，如果商品或服务发生错误定价，即使是因为商家自身的过错所致，那么商家也有权单方面取消订单，这样对消费者而言是极不公平的，也是商家免除自身责任的体现，根据《合同法》

---

〔1〕 张渊、朱晓燕："网络时代的新契约网络格式合同"，载《当代法学》2002年第12期。

的规定，该条款是无效条款。但该无效条款不影响其他有效条款的适用。

　　针对第二个争议焦点，由于本部分只讨论电子合同及合同中的格式条款的效力问题，因此在此只讨论电子合同是否成立的问题，其他关于被告应当承担何种责任则不予分析。认定本案所涉电子购物合同成立与否，关键是认定网络服务提供者在网页上展示的商品信息究竟是属于要约邀请还是要约。对这一问题，我国法律并未作出明确规定，而只是在《合同法》中规定，商业广告的内容符合要约规定的，视为要约。因此在实务中，法官主要是依据网站具体发布的信息内容进行判断，若明确表示"本站所有商品的标价展示均为要约邀请"或者其他类似语句，则只认为这些商品信息为要约邀请而非要约；若没有明确否定这些商品信息是要约的情况下，则依据《合同法》第14条的规定，审查这些商品信息是否符合要约的规定，即审查其是否具有内容具体确定，并标明一旦经过承诺即受该意思表示约束这两方面的内容，因此，法官对此有较大的自由裁量权。例如北京市东城区法院和朝阳区法院审理的当当网标价错误和亚马逊单方取消订单案，均提示了在网络购物交易中，经营者一方发布商品信息为要约引诱，而消费者下单结算为要约。[1]在本案中，该服务协议中明确规定：1号店网站上展示的商品信息（如商品名称、价格、商品描述等）仅构成要约邀请，而该规定并不违反《合同法》的相关规定，因此可以承认该规定的法律效力，也因此可以认定消费者下订单的行为是要约。同时，

---

〔1〕　雷秋玉、苏倪："论网络购物合同的成立及标价错误"，载《昆明理工大学学报（社会科学版）》2014年第1期。

根据服务协议，"只有当商家通过 1 号店网站向用户发出电子邮件通知确认商品已发出，或商家已将商品发送至用户指定地址时，才构成商家对该订单的承诺"，而网站经营者并未做出有效承诺，因此该网络购物合同尚未成立。

综上所述，我国对于电子合同的立法还有欠缺，对于网上购物过程中的要约与要约邀请问题未进行规定，对电子合同中的格式条款也未进行单独规定，因此只能借助其他法律来解决实践中出现的问题。

2. 来某诉北京四通利方信息技术有限公司服务合同纠纷案。

（1）案情简介。2001 年 4 月 22 日，原告来某通过互联网向被告四通利方公司所属《新浪网》申请会员注册登记，并选择了《新浪网》向会员提供的"免费邮箱"服务。《新浪网》在提供这项服务时承诺"免费邮箱"的容量为 50 兆，不收取信息服务费。按照会员申请注册步骤，申请人只有在点击"我同意"即表示确认服务条款的内容后，方可能最终完成会员的注册登记。被告四通利方公司的《新浪网北京站服务条款》中"服务条款的修改和服务修订"一项规定："《新浪网》有权在必要时修改服务条款，新浪网服务条款一旦发生变动，将会在重要页面上提示修改内容。如果不同意所改动的内容，用户可以主动取消所获得的网络服务。如果用户继续享用网络服务，则视为接受服务条款的变动。新浪网保留随时修改或中断服务的权利，不需对用户或第三方负责。"

原告来某在注册的当天，即收到《新浪网》关于会员注册成功和 50 兆"免费邮箱"开通确认的邮件，在使用"免费邮箱"的过程中，《新浪网》也从没有收取过电子邮件信息服务的费用。《新浪网》的日常信息服务还包括大量的商业信息，用户在浏览网站各类信息或者处理个人信息时，有关页面经常附加有商业广告信息的提示，但是否阅读广告的具体内容由用户自行选择。同年 8 月 2 日和 9 月 13 日，《新浪网》在网站页面上向所有"免费邮箱"用户发出通知，声明将从 9 月 16 日起对"免费邮箱"的容量进行调整，只提供 5 兆容量的"免费邮箱"服务，仍不收取电子邮件信息服务的费用。9 月 16 日，《新浪网》统一将会员用户的"免费邮箱"的容量从 50 兆压缩为 5 兆。

（2）法院判决。北京市海淀区人民法院作出一审判决，认定《新浪网北京站服务条款》已经确定了网站向用户提供信息服务的权利和义务，因此实际上是一种电子数据文本形式的信息服务合同。根据网站的程序设计，服务条款的具体内容在网站的页面中已经向用户作了全面展示。原告来某自愿点击了"我同意"的标识，是表示确认网站服务条款内容的行为，即对遵守被告四通利方公司《新浪网》服务条款表示同意。被告在提供电子邮件免费服务时，没有对原告来某进行欺骗或者隐瞒，也没有加重原告来某的义务和责任，不影响双方有关信息服务权利和义务合同约定的效力。被告四通利方公司所属《新浪网》在不违反法律或者行政法规的禁止性规定的情况下，根据服务条款的规定，变更免费信息服务的内容，并履行了提示义务，不构成违约。原告来某如果认为《新浪网》"免费邮箱"容量被压缩后难以满足其在当初注册申请使用时的初衷，可自行决定停止使用。

北京市第一中级人民法院认为，被告四通利方公司所属

《新浪网》在网站页面上向用户展示的网站服务条款内容属于格式条款的合同。《新浪网北京站服务条款》虽然属于格式条款，但上诉人在诉讼中不能说明其存在违反法律规定，侵害国家、集体或其他人的合法权益，损害社会公共利益或者免除义务人的法律责任，加重权利人的责任，排除权利人的主要权利等法律禁止的内容，服务条款对双方当事人应具有法律上的约束力。"免费邮箱"电子邮件服务是四通利方公司所属《新浪网》自愿单方面无偿提供的一项服务，应认定四通利方公司有权根据服务条款对此进行合理的变更。《新浪网》在将"免费信箱"由原50兆容量调整为5兆前，已事先在网站的重要页面上作出声明，履行了服务条款中的说明和提示义务，其行为应该是合法有效的，不构成违约。

（3）分析。本案的主要争点包括电子格式合同的效力问题，以及原被告之间订立的合同是否为有偿合同，被告擅自缩减邮箱容量是否构成违约等，但限于本文的研究对象，因此，以下仅在分析本案所涉的电子格式合同是否有效的问题。

根据《合同法》第11条的规定，书面形式的合同可以采用数据电文的形式订立。在本案中，原被告之间通过原告在网站上点击"我同意"而实际上签订了一个点击合同。在订立此种格式合同时，消费者要么选择接受，要么选择放弃，因而可以使网络服务提供商快速地与广大消费者订立合同，既节约了时间成本，也免去了和消费者磋商的过程。

《合同法》对格式合同进行了规制，要求提供格式条款的一方不得免除自身责任、加重对方责任、排除对方主要权利，或者具有其他合同法上的无效情形。《网络交易管理办法》对电子格式合同进行了规制，规定提供格式条款的一方应按照公平原则确定交易双方的权利与义务，并采用显著的方式提请消费者注意与消费者有重大利害关系的条款，此外，提供格式条款的一方还不得以合同格式条款等方式作出排除或者限制消费者权利、减轻或者免除经营者责任、加重消费者责任等对消费者不公平、不合理的规定，不得利用合同格式条款并借助技术手段强制交易。

而回到本案中，《新浪网》在该服务条款中规定了对服务条款的修改和服务修订的内容，也规定《新浪网》有保留随时修改或中断服务的权利，不需对用户或第三方负责。法院认为该服务条款并未加重对方责任或者免除自身责任，也不属于排除或限制消费者的主要权利的情形，因此实际上并没有使该合同条款无效的内容。但应看到，如《新浪网》保留了随时修改或中断服务的权利而无需对用户或第三方负责的条款显属免除自身责任的条款，消费者无法与《新浪网》进行磋商，若只能被动接受《新浪网》的修改和中断服务的决定，其因此而遭受的损失又无法要求《新浪网》承担责任，这对消费者而言显然是不公平的。

此外，虽然《新浪网》在服务条款中申明自己享有对服务条款的修改和服务修订的权利，而该内容并未违反《合同法》对格式条款的规定，但我们也需要考虑这样的电子格式合同是否具有合理性。显然，这个服务条款是对制定者，即对《新浪网》有利。而消费者对是否接受这样一个电子格式合同真的有实质上的选择权吗？在消费者不接受此种改动时真的可以选择放弃所取得的网络服务吗？就本案而言，原告来某已经使用新浪邮箱近半年，通过这个新浪邮箱和他人保持着稳定的邮件联系，而《新浪网》擅自压缩邮箱容量，若原告不接受《新浪网》的做法，他就可以选择不再使用该邮箱，可是他真的可以做出这种选择吗？若放弃了新浪邮箱，他或许需要花费很多时间和精力来告诉他人自己邮箱的变动情况，然后再重新注册一个邮箱，重新和他人通过新邮箱进行联系，在此过程中，他可能会付出很大的代价，而这样的变动大概也是他所不愿看到的。因此，处于弱势一方的消费者，表面上其没有义务去接受服务商的格式合同，但在实际上他别无选择，因为不接受这些条款就只能选择放弃使用该项服务，而放弃该项服务也许就意味着付出巨大的代价。

纵观现今的电子交易，我们可以发现，对于这个经济快速发展的时代，网络服务提供商普遍都青睐电子格式合同。其既具有重要意义，那么对电子格式合同从法律上进行规制就显得极为重要了。而审视我国的法律，对电子格式合同进行规制的条文却相对较少，且分散在不同的法律法规中。此外，现有规定的内容也较为粗略，可操作性不强，这必然会在实践中造成适用上的困难。

二、网络购物购买到假冒伪劣产品时的处理问题

在电子商务尤其是网络购物越来越普及的情况下，网购到假冒伪劣产品的情况也越来越多，因为消费者无法见到实物，只能通过销售者在网上发布的信息判断该物的优劣。不管是"微商"在朋友圈所卖的产品，还是淘宝网上卖家所销售的货物，都不乏假冒伪劣产品。对此消费者如何维权呢？是应当请求淘宝网和微信等电商平台承担责任，还是要求作为产品经营

者的卖家来承担责任呢？请求这些主体承担责任的法律基础又是什么呢？这正是以下将要详细阐述的问题。

1. 原告张某诉被告郑某网络购物合同纠纷案。

（1）案情简介。在原告张某诉被告郑某网络购物合同纠纷一案中，2014 年 3 月，原告张某与被告郑某通过微信认识，被告长期在其微信朋友圈里销售各种名牌奢侈品，且价格远远低于市场价格。原告在被告的推销下，陆续从被告处购买 LV、爱马仕、香奈儿、PRADA、MIUMIU 等各种名牌奢侈品十余件，并通过银行转账方式向被告汇款 52 844 元。2014 年 7 月，原告发现其所购买的 LV 牌包五金出现断裂，怀疑所购货物全部是假冒产品，开始与被告联系要求被告说明情况，并要求退还全部货物。被告在庭审中认可销售给原告名牌奢侈品的事实，对原告所转账金额 52 488 元予以认可，但认为原告当庭所提供的产品不是被告所销售的产品，认为自己所销售的产品是正品而不是假冒产品。

（2）法院判决。法院经审理后认为，原告与被告之间存在真实的网络购物合同，双方对所购货物的数量及总价款均无异议，而对名牌奢侈品的真伪存在争议，由于被告不能证明其所销售货物的正规进货渠道，且原告以明显低于市场价值的价格购买被告所销售的名牌奢侈品，双方对此均应承担一定的责任。

（3）分析。本案当事人均为个人，被告通过朋友圈宣传其产品，从而吸引原告购买该产品，双方当事人虽然没有明确签订买卖合同，但双方通过对价格、数量、收货地址等的确定实际上已经成立了一个电子合同，因此在原被告双方之间形成了一个买卖合同关系。

微商的独特性在于，由于微信正是处于起步阶段，对于微商的经营者到目前为止没有任何限制，因此，如果一个微信用户想通过微信朋友圈销售商品，其只需要通过手机号码或者QQ号码注册一个微信号即可发布产品信息并进行销售。因此微信平台和淘宝等平台不同，后者对平台入驻者的资金及资质有一定要求，而微信平台作为一个社交平台，其主要功能为社交功能，其对微商并无保证金、资质等要求。也因此导致消费者在维权的时候只能依靠自己和微商之间的合同关系要求微商承担赔偿责任，而消费者与微信平台之间只存在一个网络信息服务合同，消费者很难证明微信平台的过错，因此在实践中很难要求微信平台担责。

若是消费者选择根据与微商之间的合同关系而要求微商承担责任，则其受保护的可能性也是很小的。由于整个交易过程都是通过网络进行，甚至连合同也是订立的电子合同，因此消费者维权就面临两个难点：一是电子证据难以保存。消费者可能会删除聊天记录，或者是因为其他原因导致聊天记录消失，此时仅通过快递单等很难证明双方之间存在合同关系。二是即使证明双方之间存在合同关系，销售者的确定也是一个难题。销售者大多都是通过昵称与消费者进行交易，其真实身份为何，住址为何都是消费者难以知晓的，一旦发生纠纷，销售者若是直接将消费者删除，消费者甚至都难以再次和销售者取得联系，此时想要维权更是难上加难。

因此，尽快对电子合同进行统一立法，在立法中明确对产品提供者的身份认定规则，并对整个交易过程进行规制，才能更好地维护电子交易的秩序，从而更好地保护消费者的利益。

2. 原告钟某诉被告浙江淘宝网络有限公司网络购物合同纠纷案。

（1）案情简介。在原告钟某诉被告浙江淘宝网络有限公司（以下简称淘宝公司）网络购物合同纠纷一案中，原告钟某（淘宝会员名"zhongzhongweiwei"）于2014年3月16日在淘宝网上向淘宝卖家康美专业瘦身馆购买"美来美左旋肉碱减肥胶囊"2件，单价198元，共付款396元。订单编号为572129685828050，该产品批准文号为g20060056。原告服用后出现严重腹泻和头晕的状况，经国家食品药品监督管理局查询得知产品配料与国家批准文号不一致，g20060056自2007年以来从未进行生产，该公司也未生产过"左旋肉碱减肥胶囊"，原告所购买的是假冒伪劣产品。

（2）法院判决。本案系原告在淘宝网店购物引发的纠纷。淘宝网系网络交易平台服务提供者，为淘宝买家和卖家的交易提供服务，并不参与涉案的交易。在诉讼过程中，淘宝公司提供了涉案淘宝卖家的真实姓名、地址、身份证号码及移动电话号码、电子邮件地址。且淘宝卖家发布在淘宝网上的涉诉信息不存在明显违法或侵权的行为，原告亦未提供证据证明淘宝公司在本案中存在明知或者应知涉案淘宝卖家利用淘宝网侵害消费者合法权益的情形。此外，也并无法律规定淘宝公司对其网络销售负有审查的义务。因此，淘宝公司作为网络交易平台提供者提供了涉案淘宝卖家的真实名称、地址和有效联系方式，不存在其明知或者应知涉案淘宝卖家利用其平台侵害消费者合法权益的情形，在此情况下，原告要求淘宝公司承担本案的责任既无事实依据，也不符合法律规定，故对其诉讼请求，本院均不予支持。

（3）分析。本案与前述微商一案的不同之处在于，本案涉及平台的责任认定问题。在本案中，实际上形成了三重合同关系：一是原告消费者和被告网站之间的网络信息服务合同关系；二是被告网站和入驻卖家康美专业瘦身馆之间的有偿服务合同关系；三是原告消费者和卖家康美专业瘦身馆之间的买卖合同关系。以下将通过具体分析这三种关系进而分析谁应该作为本案的责任主体。

第一，关于原告消费者和被告网站之间的网络信息服务合同关系。在这层合同关系中，最重要的是认定网站的法律地位，也即是认定其是提供信息的平台还是经营者。根据《消费者权益保护法》第3条的规定，构成"经营者"须具备三个条件：有生产、销售行为；交易的客体为一定的商品或者提供一定的服务；交易的对方是为生活消费目的而购买一定的商品、接受一定的服务。[1] 本案中所涉的交易对象是"美来美左旋肉碱减肥胶囊"，淘宝网自身并未生产或销售该胶囊，而是由康美专业瘦身馆进行具体的销售行为，因此，这不属于原被告之间的网络信息服务合同的规制内容，相反，有关该减肥胶囊的销售信息或者消费者的相关信息才是该合同的规制内容。无论从服务协议还是从实际运作来看，网络交易平台提供商品只是提供网络虚拟服务，并不直接通过买卖获取收益，是独立于交易关系的服务提供者，买卖合同只存在于实际的买卖双方之间，因此其不是销售者，同时由于其与卖方之间并不存在任何约定的或

---

〔1〕 张继文主编：《电子合同》，中国民主法制出版社2003年版，第177页。

事实上的合营关系，因此也不是卖方的合营者。[1] 根据《消费者权益保护法》第 44 条的规定，在消费者遭受侵权时，若网络交易平台提供者不能提供销售者或者服务者的真实名称、地址和有效联系方式的，消费者可以向网络交易平台提供者要求赔偿。但本案中，淘宝网已经向消费者提供了相关信息，因此淘宝网不承担销售假冒伪劣产品的责任。

第二，关于被告网站和入驻卖家康美专业瘦身馆之间的有偿服务合同关系。本案中主要涉及的是由谁对该消费者承担责任的问题，网站和卖家之间的服务合同是否对责任承担等内容进行了约定以及如何约定在本案中没有提及，且在本案中影响也不大，在此不做讨论。

第三，关于原告消费者和卖家康美专业瘦身馆之间的买卖合同关系。在本案中，涉案商品是由卖家康美专业瘦身馆销售并发货，其与原告之间成立了买卖合同，若是基于商品的质量问题而提起诉讼，应该以商品的销售者作为被告，即应该要求卖家康美专业瘦身馆承担责任。

因此，本案原告应要求卖家康美专业瘦身馆承担责任，而不应该将淘宝公司作为被告。那么淘宝公司是否仍具有一定的过错呢？答案是肯定的，淘宝公司应尽一定的审查义务，在其知道其平台上有销售假货的卖家或者有虚假信息发布时应该尽快处理，以维护消费者的利益。但另一方面，淘宝网上卖家众多，淘宝公司很难对每一个卖家以及他们所销售的货物作严格的审查，因此不应对淘宝网要求过于严格的审查义务，相反，

---

[1]　胡子鸣："网络交易平台提供商的法律定位——淘宝网商标侵权案引发的思考"，载《无锡职业技术学院学报》2009 年第 5 期。

提高消费者的注意义务更容易也更可行。

三、基于系统故障的电子合同是否有效成立的问题

1. 张某诉中国商品交易拍卖市场网站案。

（1）案情简介。20 岁的张某是中国商品交易拍卖市场网站的注册用户。1999 年 10 月 1 日晚上，他在浏览网页时发现中国商品交易拍卖市场网站正在举办"海星电脑专场拍卖会"，于是在阅读了拍卖公告后就参与了竞拍。张某在这家网站的"买家须知"中看到拍卖周期是 10 月 1 日至 10 月 5 日。经过一番竞价，张某以最高价竞得 3 台电脑，并且在该网站公布的拍卖结果中确认拍卖成交。过了国庆假期张某汇款 1 万余元打算取得拍来的 3 台电脑，但是在 10 月 8 日他再次上网时，发现该网站仍在进行海星电脑专场拍卖会，而且截止日期被改成了 10 月 10 日，而他已经拍卖成交的 3 台电脑正在以他的拍价为底价继续拍卖，10 月 9 日公布了第二次拍卖结果。张某认为网站违约，要求给付其所拍得的 3 台电脑。

（2）法院判决。法院经过审理后认为，由于张某的拍卖价低于海星公司电脑的最终成交保留价，所以他的拍卖不成功，电脑买卖合同不成立。但是拍卖成功的误解是由于该拍卖网站的技术故障导致的，所以作为网站主办者的北京金茂网拍电子技术有限公司和国安五龙国际拍卖公司等多家单位应退还张某汇款，赔偿利息。

（3）分析。本案发生时被媒体称为"中国网上竞拍第一案"。本案是由于网站的系统技术故障引发的拍卖合同纠纷，反映了电子商务作为一个新生事物，在其技术系统尚未成熟的情况下，还很难达到网上用户所要求的方便、快捷和信用。本案发

生时尚处在 1999 年，法律法规都尚不完善，因此该案的出现也是在呼吁立法者关注电子商务以及电子合同的发展，从而对新生事物尽快建立起完善的法律体系。

但十几年过去了，可以看到类似本案的事例并不少，如在 2012 年，购物网站亚马逊在销售定制版诺基亚 Lumia 920 智能手机时对其标价为 3599 元，这是一个很有吸引力的价格，手机发烧友邓某浏览到该信息后即刻下单，页面也显示下单成功。但第二天邓某就收到了亚马逊取消订单的邮件，原因在于该款手机标价错误。那么问题在于双方合同既已成立，亚马逊是否有权取消订单？

我国《合同法》规定，电子合同为书面合同的一种。因此可以认为，在电子合同的双方当事人发生纠纷时，可以援引《合同法》的规定来解决纠纷。而本案又涉及网上拍卖事宜，因此还应援引《拍卖法》的相关规定。《合同法》第 107 条规定，当事人一方不履行合同义务或者履行合同义务不符合约定的，应当承担继续履行、采取补救措施或者赔偿损失等违约责任。《拍卖法》第 50 条第 2 款规定："拍卖标的有保留价的，竞买人的最高应价未达到保留价时，该应价不发生效力。"第 52 条规定："拍卖成交后，买受人和拍卖人应当签署成交确认书。"而具体到本案中，主要的争议焦点在于：网站确认拍卖成交是否意味着张某与该网站之间关于此次拍卖的电子合同成立？如果答案是肯定的，那么网站构成违约，应当承担违约责任；如果答案是否定的，那么张某就丧失了请求权基础。结合《拍卖法》的相关规定，首先，张某竞买的 3 台电脑保留价为 3 万余元，如果确认其以 1 万余元的应价对拍卖委托方确定为 3 万元保留价的拍卖品竞购成交，那么这显然是有失公平的；其次，金茂网拍并未与张某签订成交确认书，因而对其应价应该不予认可。本案中，法官正是基于《拍卖法》的相关规定，因此认定张某的应价不发生效力，张某与该网站之间的电子合同自然无从谈起。但是，在本案中，是由于网站技术故障的原因才导致合同的当事人张某误以为合同已经成立并生效，因此其按照合同的要求履行了合同义务。在这种情况下，作为对技术故障负有监管、排除责任的网站应当就合同不成立给无过错方造成的损失承担相应的赔偿责任。法官虽然是基于《拍卖法》的规定而驳回了原告的诉讼请求，但并不意味着被告就无任何过错。

前述亚马逊案件也是一样，既是由于网站自身的原因，那么在订单生效之后也就意味着邓某与网站之间成立了这样一个电子合同，网站就无权擅自取消该订单，否则即构成违约，应该承担相应的违约责任。对此类案件的处理，应主要依据现行法的规定，但是我们可以看到，尽管已经过去了这么多年，我国关于电子合同的立法依然不够完善，实务中的问题依然难以找到相应的法律依据，因此，针对实践中出现的问题来进一步完善对于电子合同的规定是刻不容缓的事情。只有在签订电子合同以及履行电子合同的过程中做到有法可依，才可以促进电子合同的健康发展，也才能增进电子商务的发展活力。

第三节　电子合同和《电子商务法》

《中华人民共和国电子商务法（草案）》（以下简称《电子

商务法》）于 2016 年 12 月 27 日发布并征求意见，这是我国第
一部电子商务领域的综合性法律。有观点认为，此举表明，作
为全球第一的电商交易市场，中国在该领域的发展将告别野蛮
生长期，步入有法可依，依法创新的新时代[1] 该法基本上采
用了综合的立法体例模式，在总则中对该法的立法目的，一些
术语的定义，应遵循的原则以及国家对电子商务的态度等作了
简要规定。而分则部分则是分别对电子商务经营主体，电子商
务交易与服务，电子商务交易保障和跨境电子商务等内容作了
相应的规定。而与电子合同直接相关的内容则被规定于第三章
"电子商务交易与服务"中。下面将从三个方面来分析电子合同
与《电子商务法》之间的关系：一是简要介绍《电子商务法》
中关于电子合同的具体规定；二是分析现有规定对电子合同发
展的积极作用；三是分析现有规定中对电子合同规定的不足
之处。

一、《电子商务法》关于电子合同的具体规定

（一）直接规定

我国《电子商务法》关于电子合同的直接规定体现于第三
章第一节"电子合同"中。该节中用了 5 个条文来对电子合同
的适用作了规定。

1. 《电子商务法》第 26 条规定：当事人订立电子合同，适
用本法规定。本法没有规定的，适用《中华人民共和国合同法》
《中华人民共和国电子签名法》的规定。该条是对电子合同可适

---

〔1〕 张维炜："中国电商市场告别'野蛮增长'时代——电子商务法草案首次
提请全国人大常委会审议"，载《中国人大》2017 年第 2 期。

用的法律依据作了简要的规定，即以《电子商务法》作为基础的适用依据，在该法未作规定的方面则适用《合同法》或者《电子签名法》的规定。

2.《电子商务法》第 27 条规定：电子合同当事人在电子商务活动中推定其具有相应的民事行为能力，其意思表示真实。但是有相反证据证明的除外。该条实际上是回应了实践中订立电子合同的一方当事人为无民事行为能力人或者限制民事行为能力人时所订立的合同如何处理的问题。鉴于实践中很难确定对方当事人是否具有民事行为能力，以及意思表示是否真实，因此该条直接推定当事人具有行为能力，并同时推定其意思表示为真实。但立法不是一味地作肯定的推定，如果当事人有相反证据，则可以推翻此推定，从而有利于保障当事人的合法权益，使合同双方当事人可以放心交易。

3.《电子商务法》第 28 条第 1 款规定：电子商务经营主体发布的商品或者服务信息符合要约条件的，当事人选择该商品或者服务并提交订单，合同成立。当事人另有约定的，从其约定。第 28 条第 2 款规定：电子形式的要约或者承诺能够由收件人检索识别的时间视为该要约或者承诺到达的时间。该条回应了实践中对某项信息应该认定为要约还是要约邀请的问题，只要经营者所发布的信息符合《合同法》中的要约条件，则视为要约，当事人选择该商品或服务并提交订单的，则视为承诺，此时合同成立。但立法也尊重了当事人的意思自治，如果当事人另有约定的，则从其约定，而不再必须适用本款的规定。也就是说，实践中经营者可以在网页上的显著位置标明"本网页所发布的信息属于要约邀请"，从而使自己保留对于消费者的要约是否进行承诺的选择权。而第 28 条第 2 款实际上规定了在订立电子合同的过程中要约和承诺的到达时间的认定问题，与纸质合同的要约和承诺到达时间的规则不同，电子合同的要约和承诺的到达时间为收件人能够检索并识别的时间，这样有利于确保合同得到切实的履行。

4. 《电子商务法》第 29 条规定：电子合同当事人使用自动交易信息系统订立或者履行合同的行为对使用该系统的当事人具有法律效力。订立电子合同中，第一种情况是合同当事人仅是利用计算机和网络为工具，可以理解为纸质合同的电子化版本，计算机和网络为当事人意思表示的传输工具，与传统意思表示并无不同。例如目前大多数拍卖网站，仅提供平台服务，并不是交易当事人，事实上交易是发生在拍卖者和竞买者之间（平台提供担保等附加服务者不在此列）。第二种情况是计算机基于预先设计的程序，而自动发出电子化意思表示（德国称为"计算机意思表示"，美国称为"电子代理人"），例如目前电子交易中大量的销售合同，买受人只需要在互联网界面点击鼠标选择商品，出卖人的服务器端会根据预先设计的程序自动回复买受人，自动完成承诺过程，订立电子合同。实践中对此种通过自动交易信息系统进行电子交易的法律效力也多有争议，该条规定实际上表明了立法者对电子合同当事人之间自动交易行为的法律效力持肯定态度。

5. 《电子商务法》第 30 条规定：电子合同使用自动交易系统的，在人机互动中用户发生输入错误，而该系统未提供更正错误的方式，同时符合以下要求的，用户有权撤回输入错误的部分：该用户在发生错误后立即通知对方当事人有输入错误发生；该用户没有从对方当事人处获得实质性的利益或者价值。该条实际上赋予了用户对自己输入错误的撤回权，但行使这一撤回权的前提是：该系统没能提供更正错误的方式，且该用户履行了及时通知义务，以及该用户未获得实质利益或价值。

（二）间接规定

《电子商务法》是一部对电子商务各个环节以及各个方面进行规制的统一的综合性立法，因此，有关电子合同的规定自然应纳入到该法中去，且有关电子合同的规定不仅体现在"电子合同"这一节中，也体现在总则和其他分则部分的规定中。由于对电子合同进行间接规定的条文较多，不对条文作一一列举，而是就其所涉内容作简要概括。

例如，该法规定电子合同的双方当事人应遵循自愿、公平、诚实信用原则，并遵守公认的商业道德。且经营者和消费者之间不能订立关于法律、行政法规禁止交易的商品或服务的电子合同。此外，为了保障交易安全，经营者应公示其营业执照及行政许可信息。第三方平台也要公平地制定平台服务协议和交易规则，经营者也要公平合理地制定交易规则及格式条款，并且一旦有变动应该公开向消费者征求意见，从而保障与之订立合同的当事人的合法权益。经营者也不能非法收集用户的个人信息，即使是通过合法手段获得用户的个人信息也不能对其进行非法处理。通过这些规定，可以对电子合同的订立和履行过程起到一定程度的规制作用，为双方当事人的行为提供一定准则，从而促使电子合同在实践中得到更好的适用。

二、《电子商务法》对电子合同的积极作用

电子合同在实务中遇到的困境及争议确实对《电子商务法》

的出台有一定作用，以下着重分析《电子商务法》对电子合同所起的积极作用。

1. 从宏观角度上看，《电子商务法》的出现可以为电子合同提供法律依据。《电子商务法》中设专节规定了电子合同的事项，且在该法的其他部分中也有关于电子合同的适用及争议解决的条文，因此可以使得与电子合同的订立及履行的有关事项能够有法可依，解决实践中当事人针对某些问题难以用法律来维护自己合法权益的困境。此外，《电子商务法》的效力位阶为法律，因此具有较高效力，可以有效解决当前存在的立法层次较低、有关电子合同的规定效力较弱的问题，为当事人提供坚强的法律后盾。

2. 从微观角度看，《电子商务法》的出台在一定程度上填补了立法空白，并且增强了法条的规范性和可操作性，因此为电子合同的具体争议问题的解决提供法律途径。具体而言，针对以下几方面，当事人可以从《电子商务法》中找到依据。

（1）订约一方的民事行为能力问题。与纸质合同的签订过程不同，电子合同的双方当事人往往不会在现实中接触，因此当事人难以判断对方的身份以及订约意愿。这样就会存在关于当事人是否有订约能力以及是否在订约时被欺诈或者被胁迫的担忧，从而降低了人们签订电子合同来达成交易的积极性。而《电子商务法》中明确规定，除非当事人有相反证据，否则只要双方当事人进行了电子商务活动，签订了电子合同，即推定双方当事人都具有民事行为能力，并且是在真实意思的支配下进行该交易行为。因此就可以减少实践中关于无民事行为能力人与限制民事行为能力人所订立的合同是否有效的纠纷。此外，该规定使得消费者和经营者不用担心交易对方是否具有订约能力以及订约意愿，因此有利于促进交易的顺利进行，也能提高当事人进行电子商务活动、签订电子合同的积极性，从而推进电子合同在实践中的广泛应用。

（2）经营者所发布的商品信息应属于要约还是要约邀请的问题。在浏览网页时，所看到的商品或服务的信息究竟是属于要约还是要约邀请决定了合同的成立与否。因此该问题也是实践中当事人争论不休的问题。《电子商务法》明确规定，如果经营者发布的商品或服务信息符合要约条件就视为要约，当事人选择了该商品或服务并提交了订单，合同即告成立，除非当事人另有约定。这样在判定合同成立与否时，就只需要判断商品或服务的经营者所提供的信息是否符合《合同法》中关于要约的条件，即内容是否具体确定，以及是否表明了经受要约人承诺，要约人即受该意思表示拘束。因此就可以有效减少当事人关于此问题的纠纷，也可以限制法官的自由裁量权。

（3）通过自动交易信息系统所为的交易行为发生错误时的处理问题。例如，在订立在线合同时，用户的本意是输入1000台电脑订单，结果却错误地输成100台，且并未注意到这一信息有问题便发送出去，当订单发送出去之后才发现数量错误，这时如果不允许撤回可能会对其生产经营产生不利影响。而《电子商务法》的规定则较好地解决了这一问题，用户在发现错误之后如果立即通知了对方当事人，并且尚未从对方当事人处获得实质性的利益或者价值，那么该用户就有权撤回输入错误的部分，以减少不必要的损失，从而也不至于对其生产经营产生负面影响。而这一规定对交易对方也是有利的，避免因用户的错误订单而浪费人力物力去履行该合同。

三、《电子商务法》对电子合同规定的不足之处

《电子商务法》的出现为我国电子合同有关法律的适用带来了很大便利，且在一定程度上填补了立法空白，也增强了电子合同相关规则的可操作性，但不得不承认，这部法律在电子合同的规制上仍然存在一些不足之处。比如《电子商务法》中直接规定电子合同的条文较少，对实践中争议较大的一些问题也仍然没有涉及，甚至于已有条文中也或多或少地存在不完善之处。因此，在正式颁布《电子商务法》之前，需要重点改进这些方面，才能使最终施行的《电子商务法》更好地起到规制电子合同的订立和履行的作用。下面将具体分析该法存在的不足之处。

1. 未涉及电子合同订立过程中的要约和承诺的撤回及撤销问题。虽然《电子商务法》中规定，如果本法没有涉及，可以援引《合同法》，但《合同法》中关于要约和承诺的规定均是针对纸质合同，而纸质合同与电子合同在要约和承诺上面的规则差别较大，因此应该对电子合同的要约和承诺另行规定。但《电子商务法》中对此完全未作要求，那么在电子合同订立过程中是否可以撤回或者撤销要约和承诺呢？具体的撤回和撤销的规则又是如何？这都是立法者需要进一步明确的。

2. 未涉及电子合同等作为证据的相关标准问题。《电子签名法》第 7 条规定：数据电文不得仅因为其是以电子、光学、磁或者类似手段生成、发送、接收或者储存的而被拒绝作为证据使用。该条肯定了数据电文可以作为证据使用，但在将其作为证据予以提交时，究竟是应该将数据电文作为书证还是视听资

料呢？此外，若电子证据被篡改或者被剪辑，其效力及证明力又如何呢？对于这些问题，在《电子商务法》发布之前尚无相关法律对此进行规定，而《电子商务法》也未对此进行规定，但是这一问题又是实践中不得不面对的。因为一旦双方发生争议并诉至法院，就需要提供相关证据证明自己的主张，而这些证据应该作为什么证据类型提供这个问题也关系重大，因为不同的证据类型对数据电文的证明力有很大影响。除此之外，又应该如何提供这些证据呢？这都是需要立法者做出进一步明确规定的。

3. 已有规定在当事人使用自动交易系统进行交易方面存在不完善之处。虽然这部《电子商务法》借鉴了美国《统一电子交易法》以及欧盟《电子商务指令》等法律的规定，从而对该问题进行了与时俱进的规制，但是其中仍然存在一些不完善之处。例如，该条规定仅涉及交易过程中人这个主体的错误，但却没有规定当电子数据系统自身出现错误而将一方当事人的信息自动的加以变化时应该如何处理以及后续的责任承担问题。又如，条文中虽然规定了当事人应该立即将错误告知对方当事人，但又如何定义"立即"呢？是否有具体的时间规定呢？如果是立即发送该错误通知，但却基于网络故障等外在因素造成该通知未及时送达相对方，这时候又该如何处理呢？此外，当事人丧失撤回权的时间界限在《电子商务法》也没有得到明确的界定。《电子商务法》对通过自动交易系统进行的交易予以规制这一点值得肯定，但如果条文本身仍有缺陷，就需要予以重视，并作出相应的修改。

第四章

电子合同的应用场景

第一节 电子合同的应用场景概览

一、电子合同在互联网金融行业的应用

随着互联网金融的迅速发展和各类互联网金融公司爆炸式的增长，原本的金融业务中所涉及的大量纸质合同已经跟不上互联网金融的发展速度，严重制约了互联网金融的发展。若一个纯线上的金融服务却要面对面才能签订有效的合同，这是违背互联网对于方便、快捷的本质要求的。正因为面签纸质合同的不便捷，很多企业就选择了网站页面上勾选"我同意"的方式让用户签订所谓的"合同"。这种"合同"很多时候成为"鸡肋"。因为如果不形式上签订一份合同，将越来越难以应付法律意识越来越强的用户，然而这种合同却难以保障任何一方的利益（因不符合《电子签名法》的要求，不属于电子合同）。特别是在金融领域，所牵涉的交易通常涉及大笔资金，如何合法、有效、快捷、方便地签订合同，从而保护签约各方的权利

义务成为非常重要的问题。此外，电子合同作为一种无纸化办公的工具，其产生的环保效益也越来越多地受到大家的关注。高频交易带来大量的合同，打印、快递运输过程中产生的纸张消耗、废气污染，对环境资源也成为一种压力。

在这种背景下，电子合同吸引了互联网金融行业的关注目光。用电子合同替代纸质合同，并在金融业务环节中进行电子化流转，无论在降低管理成本，还是在提高合同处理效率、优化商务服务体验方面，均具有传统业务模式不可比拟的先进性。

（一）互联网金融的行业概述

伴随着互联网技术的出现及蓬勃发展，互联网金融应运而生。互联网金融是传统金融行业与以互联网为代表的现代信息科技，特别是搜索引擎、移动支付、云计算、社会化网络和数据挖掘等相结合的新兴领域。近年来，第三方支付、网络信贷、众筹融资以及其他网络金融服务平台等互联网金融业迅速崛起。2015 年底中国的互联网金融规模突破 40 万亿元。第三方支付平台、P2P 网贷、余额宝等互联网理财产品已经进入普通人的视野。

在深入了解互联网金融相关内容前，首先应该了解国家对互联网金融的定义。在 2015 年 7 月 18 日，中国人民银行、工业和信息化部、公安部、财政部、国家工商总局、国务院法制办、中国银行业监督管理委员会、中国证券监督管理委员会、中国保险监督管理委员会、国家互联网信息办公室联合印发了《关于促进互联网金融健康发展的指导意见》（以下简称《指导意见》），对互联网金融作出了明确的定义：互联网金融是传统金融机构与互联网企业（以下统称从业机构）利用互联网技术和信息通信技术实现资金融通、支付、投资和信息中介服务的新型金融业务模式。《指导意见》指出了互联网金融本质仍属于金融，没有改变金融风险隐蔽性、传染性、广泛性和突发性的特点。《指导意见》还认为，加强对互联网金融监管，是促进互联网金融健康发展的内在要求。互联网金融是新生事物和新兴业态，要制定适度宽松的监管政策，为互联网金融创新留有余地和空间，从而通过鼓励创新和加强监管相互支撑，促进互联网金融健康发展，更好地服务实体经济。

《指导意见》明确了互联网金融的主要业态：其一，互联网支付。互联网支付是指通过计算机、手机等设备，依托互联网发起支付指令、转移货币资金的服务。其二，网络借贷。网络借贷包括个体网络借贷（即 P2P 网络借贷）和网络小额贷款。个体网络借贷是指个体和个体之间通过互联网平台实现的直接借贷。个体网络借贷要坚持平台功能，为投资方和融资方提供信息交互、撮合、资信评估等中介服务。其三，股权众筹融资。股权众筹融资主要是指通过互联网形式进行公开小额股权融资的活动。股权众筹融资必须通过股权众筹融资中介机构平台（互联网网站或其他类似的电子媒介）进行。其四，互联网基金销售。其五，互联网保险。其六，互联网信托和互联网消费金融。

目前，互联网金融业正从单纯的支付业务向转账汇款、跨境结算、小额信贷、现金管理、资产管理、供应链金融、基金和保险代销、信用卡还款等传统银行业务领域渗透，在金融产品和服务方面的创新弥补了传统金融业的不足。传统金融行业与互联网结合正成为助推经济发展的新生力量，互联网"牵手"

金融业可谓大势所趋。国内银行、券商、基金、保险等金融巨头纷纷利用互联网拓展传统业务，未来会出现更多互联网企业与金融业结合的案例。

（二）电子合同在网贷行业的应用

1. 网贷行业的概述。P2P 网贷，英文全称为 peer to peer lending，中文可解释为个人对个人（也包含个人对企业）的网络借贷，具体是指个人与个人间或个人与企业间通过共享的网络借贷平台而直接进行的小额借贷交易，这里的网络借贷平台只是作为撮合交易完成的第三方中介而存在。借款人可以在网络借贷平台上自行发布借款信息，包括金额、利息、还款方式和时间，从而实现自助式借款；借出者又叫投资人，可以根据借款人发布的相关信息，自行决定是否借出自己的资金，并收取相应的利息。

根据网贷之家的数据，截至 2017 年 3 月底，网贷行业正常运营平台数量达到了 2281 家，相比 2016 年底减少了 167 家，全年正常运营平台数量维持逐级减少的走势。2016 年全年网贷行业成交量达到了 20 638.72 亿元，相比 2015 年全年网贷成交量（9823 亿元）增长了 110%。在 2016 年，P2P 网贷行业历史累计成交量接连突破 2 万亿元、3 万亿元两个大关，单月成交量更是突破了 2000 亿元。

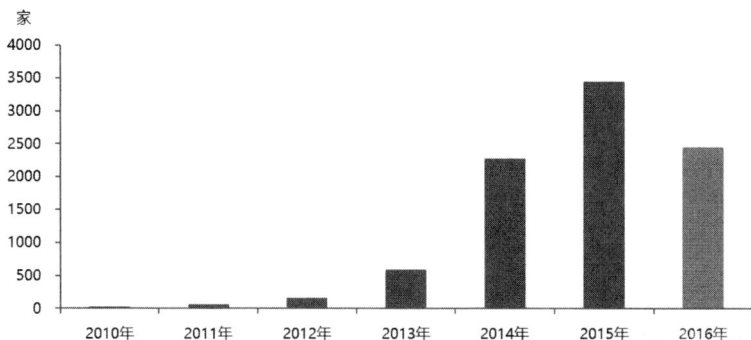

资料来源：网贷之家、盈灿咨询

图4－1　各年网贷运营平台数量走势

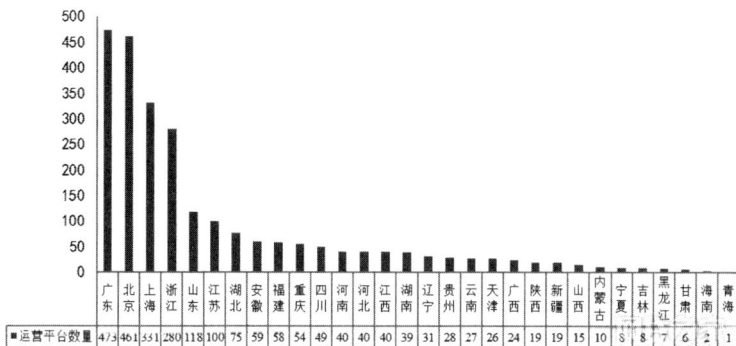

	广东	北京	上海	浙江	山东	江苏	湖北	安徽	福建	重庆	四川	河南	河北	江西	湖南	辽宁	贵州	云南	天津	广西	陕西	新疆	山西	内蒙古	宁夏	吉林	黑龙江	甘肃	海南	青海
■运营平台数量	473	461	331	280	118	100	75	59	58	54	49	40	40	40	39	31	28	27	26	24	19	19	15	10	8	8	7	6	2	1

资料来源：网贷之家、盈灿咨询

图4－2　2016 年底各省正常运营平台数量

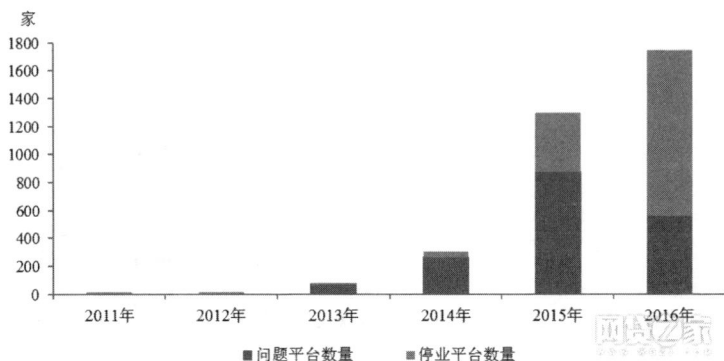

资料来源：网贷之家、盈灿咨询

图 4-3　各年停业及问题平台数量走势

　　2016 年，P2P 网贷行业经历了自 2007 年以来形势比较艰巨的一年，但是仍然有大量资本看好未来的发展，涌入网贷行业。据不完全统计，截至 2016 年底，网贷行业历史累计获得风投的平台数量已经达到了 131 家，上市公司、国资入股的平台数量分别为 120 家、171 家，银行背景的平台数量为 15 家。

　　2. 规范性文件对网贷行业使用电子合同的要求。从 P2P 网贷行业萌芽到野蛮生长所造成的惊人乱象，特别是像 "e 租宝"这样的跑路事件，让监管层更加深刻意识到整顿网贷行业的必要性与紧迫性。在 2015 年 7 月 18 日，央行联合十部门发布了《关于促进互联网金融健康发展的指导意见》，这是政府颁发的第一份互联网金融监管文件，填补了互联网金融监管上法律法规的空白。2015 年 12 月 28 日《网络借贷信息中介机构业务活动管理暂行办法（征求意见稿)》（以下简称《管理暂行办法》)发布，拉开了 P2P 网贷行业监管的序幕，意味着 P2P 行业开始进入监管整顿期。其中该《管理暂行办法》第 22 条首次对网贷行业使用电子合同作出了要求："各方参与网络借贷信息中介机构业务活动，需要对出借人与借款人的基本信息和交易信息等使用电子签名、电子认证时，应当遵守法律法规的规定，保障数据的真实性、完整性及电子签名、电子认证的法律效力。"接着在 2016 年 4 月，《P2P 网络借贷风险专项整治工作实施方案》的发布，在全国范围内启动了为期 1 年的有关互联网金融领域的专项整治。2016 年 8 月 17 日中国银监会、工业和信息化部、国家工商总局联合发布了《网络借贷信息中介备案登记管理指引》，进一步以备案的形式淘汰劣质平台。2017 年 2 月 4 日，厦门市金融工作办公室印发了《厦门市网络借贷信息中介机构备案登记管理暂行办法》，意味着全国首个地方性网贷备案登记监管办法终于面世。其中第二章第 5 条明确要求网贷企业进行备案要提供与第三方电子数据存证平台签订合同存证的委托合同复印件。2017 年 2 月 14 日广东省人民政府金融工作办公室发布了《广东省网络借贷信息中介机构备案登记管理实施细则（征求意见稿）》，其中第 8 条也规定了网贷企业进行备案要提供与第三方电子数据存证平台签订合同存证的委托合同复印件。由此可见，监管层要求网贷企业使用电子合同基本已成定论。

3. 电子合同在网贷行业的具体应用。根据政策的定位，网贷平台作为网络借贷信息的中介平台，撮合出借方和借款方，必然会和借贷双方签订相关的协议以保证各方的权利义务。以微贷网（www.weidai.com.cn）为例，根据其公布的运营数据，截至 2017 年 3 月平台累计成交 891.42 亿元，平均笔均投资金额为 9319.66 元，由此可估算一共发生了 956.49 万次交易，即便以最简单的方式计算，也至少签订了 956 万份借款协议。若使用纸质合同，所耗费的时间、精力和金钱等成本将难以计算。电子合同的使用则正好针对网贷行业合同签署量大、签署各方难以面签的痛点。

以电子合同企业深圳法大大网络科技有限公司（以下简称法大大）的电子合同产品为例，电子合同在网贷行业的具体应用主要有两种方式，一种是 API 对接，另外一种是独立部署。以 API 对接为例：

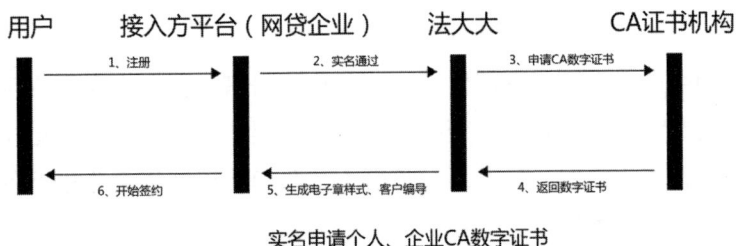

实名申请个人、企业CA数字证书

图 4-4　网贷企业使用电子合同中的实名认证具体流程

（1）出借人和借款人等用户在接入方平台（网贷企业的网站或手机客户端）进行注册并实名认证。根据企业风控手段的不同，个人用户实名认证一般需要提供姓名、身份证号、手机号码。网贷企业通过调用法大大"个人 CA 证书申请"接口，提交个人姓名、身份证号、邮箱、手机号，法大大为个人向 CA 机构申请电子签名证书。

企业用户一般需要提供统一社会信用代码、法人姓名、法人身份证号、法人手机号。企业用户提交基本认证信息后，法大大将进行增强信息认证，提供在线拍摄及本地上传两种方式进行照片信息采集，采集企业法人、代理人照片信息。企业用户信息采集完成后，法大大专业的法务人员将会对该企业进行审核，审核通过后法大大将统一为入驻企业颁发电子签名证书（CA 证书）。

图 4-5　法大大企业用户实名认证界面

（2）法大大在收集到实名认证的材料后向受国家认可的 CA 机构申请 CA 证书并生成属于其独有的电子签章。

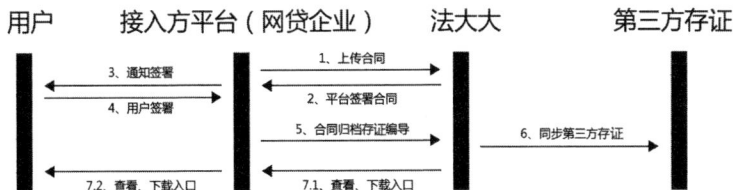

图 4-6　签署电子合同流程

（3）网贷企业通过法大大提供的"文档传输接口"上传至法大大云端，法大大将合同转换为防篡改的 PDF 格式。

（4）网贷企业在法大大上签署完毕后将发送给需签署方（用户），法大大将通过通知接口通知需签署方（支持邮件、短信、APP 消息通知等）。

（5）用户通过点击平台页面上的合同签署按钮或点开法大大下发的通知链接后打开 Web 页面，跳转到合同签署页面。客户可以直接进行在线签约，效果图如下所示：

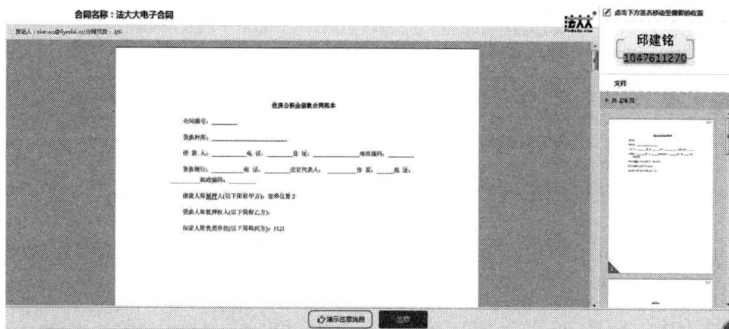

图 4 - 7　PC 端签署界面

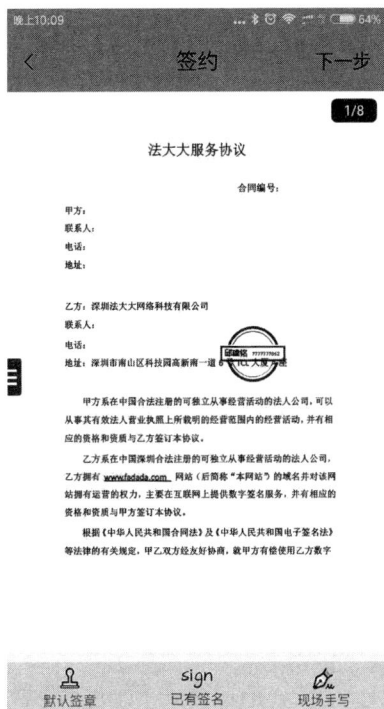

图 4 - 8　移动端 H5 界面

（6）网贷企业调用法大大归档接口，将加密后的原始合同及最终签署完成的合同送到法大大，法大大将该合同签署的日志数据（向法大大云端同步的合同编号、合同标题、签署客户编号、签署过程中文件 Hash 值变化、签署时间）提取出来并生成 PDF 文档加盖法大大电子签章及时间戳进行留存。同时将合同签署信息元数据（包括合同编号、所有签署方的名称及身份代码、时间戳、最终版本的合同 SHA256 哈希值）送到指定司法鉴定机构进行存证，以备后期出具司法鉴定报告使用。

当上述流程完成后，一份符合法律法规要求的电子合同便生成了。网贷平台可以用电子合同签署的合同通常有借款协议、担保协议、债权转让协议、提前还款协议等。电子合同一旦生成便无法修改，以网贷行业最核心的借款协议为例，若使用电子合同，借款金额、还款时间、利息等一切数据均能得到很好的保护，平台难以出于跑路的目的进行更改。而且电子合同以数据电文的形式存在，下载保存均非常方便，若出现了违约事件，出借人即使在平台跑路的情况下也能凭借着电子合同去法院或者仲裁委进行维权，不会再像以前那样两手空空、维权无门。

（三）电子合同在证券行业的应用

随着证券市场的不断发展以及客户服务的深入，证券及期货公司的各种应用系统也日益繁多，在给客户带来丰富的服务的同时也增加了身份识别的复杂度，影响了客户体验。如何实现客户身份的统一管理，消除各系统分立部署所产生的隔阂，实现企业级的客户身份体系，成为当前亟须解决的问题。另一方面，随着网上交易的普及，提高网上交易的安全性也不断被提上议事日程。2008 年 12 月，证监会发布《关于加强对投资者网上交易安全保护的通知》，要求证券公司加强身份识别的安全性管理，引入强度更高的身份认证措施。如何高效地引入增强型认证手段，实现无障碍的业务系统对接，对证券公司的 IT 建设提出了新的挑战。

网上交易统一安全认证系统实施所涉及的技术标准和规范、产品标准和规范、工程标准和规范、验收标准和规范等必须符合、符合证监会、证券业协会以下技术指引（包括但不限于）

相关要求：

1. 《证券公司集中交易安全管理技术指引》。

2. 《证券公司信息技术管理规范》。

3. 《网上基金销售信息系统技术指引》。

4. 《证券期货行业信息系统安全等级保护基本要求》。

5. 《证券公司网上证券信息系统技术指引》。

对于证券行业，电子合同的一个主要应用场景为远程开户，但国内证券公司的网点分布已经基本能满足用户的开户需求，所以远程开户的主要需求体现在大陆以外地区的远程开户，比如香港。2016年10月24日，香港证监会发布《致中介人的建议通函：在开户过程中核实客户身份》，放宽对客户初次面对面开户的要求，明确可以采用电子证书签署的形式开户，视作与书面签署等同。这一举措将使得内地客户无需通过面对面的方式，即可更便捷、安全地远程开通香港券商账户。根据通函的内容，已获得香港政府给予"证书互认资格"的海外核证机关所发出的电子证书和电子签署与书面文件具有同等法律效力，香港证监会将接纳其作为核实客户身份之用，方便跨境开户。香港证监会准许券商以eID核实客户身份，香港券商通过内地和香港官方认可机构承办的eID签证作客户身份确认，而香港券商员工或无须在场监签。

那么，eID究竟是什么呢？eID是以密码技术为基础、以智能安全芯片为载体、由公安部第三研究所推出的"公安部公民网络身份识别系统"签发给公民的网络电子身份标识，能够在不泄露身份信息的前提下在线远程识别身份。目前中国工商银行已在全国试点发行加载eID的金融IC卡。

　　以法大大电子合同使用流程为例，当用户成功开通 eID 卡后，在证券公司的平台进行注册，填写姓名、身份证号、手机号等个人信息，使用证券公司的平台的 eID 签名功能进行刷卡及输入 PIN 码操作。验证成功后，证券公司平台调用法大大"个人 CA 证书申请"接口，通过提交个人姓名、身份证号、手机号，法大大为个人向 CA 机构申请电子签名证书。

图 4-9　eID 认证界面

　　当用户完成相关实名认证操作后，可根据下图描述过的流程进行电子合同的签署。

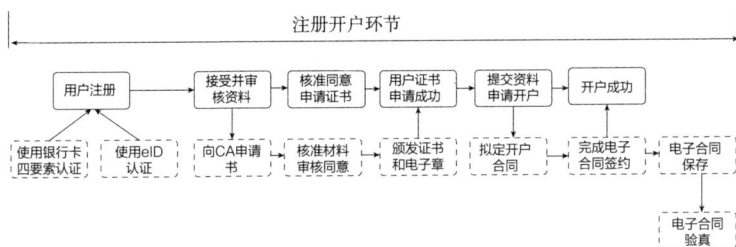

图 4 - 10　证券行业电子合同应用流程

据悉，现在国内的光大证券已经推出了相关的香港开户服务。

（四）电子合同在保险行业的应用

根据中国保监会最新统计数据，2016 年互联网保险实现了签单保费约 2400 亿元，新增互联网保险保单 61.65 亿件，占全部新增保单件数的 64.59%，增长非常迅猛。相比传统保险，互联网保险具有绿色环保、方便、快捷、跨地域的特点。为了规范行业发展，中国保监会也发布了《互联网保险业务监管暂行办法》，有条件地放开部分险种的经营区域限制，能够独立、完整地通过互联网实现销售、承保和理赔全流程服务的财产保险业务等。

然而，"保险 + 互联网"的模式，把纸质保单变成了电子保单，篡改、删除电子保单信息数据比纸质保单变得更加容易。在大规模应用电子保单的同时，一些基础性的问题应得到解决：比如互联网保单电子化的合法性，电子保单的防篡改性等。此时，要彻底解决上述问题，电子合同的应用十分有必要。投保人向保险公司上传个人身份信息完成实名认证，保险公司核保后即可与投保人签订电子保险合同。上述电子保单可通过网络直接送达投保人，省去了大量打印和邮寄成本。

从我国保险业发展历史来看，保险公司也曾尝试过自建内部签名系统，但该等签名系统来说并没有使用《电子签名法》所规定的可靠的电子签名，有的保险公司未使用 CA 机构颁发的数字证书，有的保险公司甚至都未使用电子签名技术来进行保险合同和其他电子文件的签署。那么，若保险公司自建符合《电子签名法》要求的电子签名系统是否就能解决问题呢？若该保险合同发生了法律纠纷，此时保险公司就该电子合同合法性的证据将面临质疑，因为即便不能篡改已经过可靠电子签名签署过的数据电文，但是保险公司却可以隐瞒或删除已签署的数据电文。因为保险公司属于纠纷的一方，若签名系统亦为保险公司自建的系统，如果其缺乏中立性，可能会使可靠电子签名的认定以及是否隐瞒了签署的数据电文等问题发生疑问，客户对保险公司自建电子合同签署系统的使用也会存在很大的疑虑。

（五）电子合同在银行业的应用

传统金融（the traditional financial），主要是指只具备存款、贷款和结算三大传统业务的金融活动。广义的寿命周期成本还包括消费者购买后发生的使用成本、废弃成本等。简单来说，金融就是资金的融通。金融是货币流通和信用活动以及与之相联系的经济活动的总称，广义的金融泛指一切与信用货币的发行、保管、兑换、结算、融通有关的经济活动，甚至包括金银的买卖，狭义的金融专指信用货币的融通。以下以传统银行业为代表分析电子合同在这一领域的应用。

1. 行业现有痼疾。

（1）放贷周期长：以传统银行为代表的金融服务程序时间长，无法满足中小微企业以及个人的临时性、紧急借贷需求。

（2）成本高：传统金融行业在其地域范围之外获取客户困难，同时签订纸质合同以及合同的寄送时间长，在纸质合同签订后依然需要人工输入，进行电子化，造成线上线下重复劳动，耗费大，成本高。

（3）客户体验不佳：借款流程繁复，过多重复性程序，线下模式多处盖章以及订立阶段修改复杂，导致效率低下，客户体验差。

（4）合同安全性不高：民生银行北京管理部（分行）航天桥支行30亿元的风险事件（尚未审理终结），牵涉"萝卜章"票据造假[1]及销售"飞单"两大环节。经初步调查，在民生银行航天桥支行案中，该行在某企业客户的商业票据上盖上了私刻的银行承兑汇票的公章，即"萝卜章"；该票据经银行手不断转贴现，直到兑付时刻，交易对手行方才发现公章为假。私刻公章，已经成为金融机构操作风险的重灾区之一。仅2016年末，国海证券与20多家金融机构、农业银行河南分行与平安信托、江阴银行与恒丰银行、广发银行与招财宝、浙商财险等，均因"萝卜章"案发陷入纠纷之中，引发市场震动。

2. 电子合同现实应用。例如，2016年10月，宁波通商银

---

〔1〕 黄韬："'萝卜章'频现 商业银行内控乱象何解"，载http：//opinion.caixin.com/2017－04－19/101080229.html，最后访问日期：2017年8月30日。

行股份有限公司[1]（以下简称宁波通商银行）引入一签通电子合同平台[2]。宁波通商银行原有模式下，在合同签订、审批等环节增加了用户成本以及流转周期，造成了资源浪费，因此，为了保障银行业务系统的在线电子合同签订，实现部分业务审批电子化，宁波通商银行引入一签通第三方电子合同系统平台，保障与宁波银行平台方相关协议或者电子合同的签订均采用具备法律效力的电子签名，保障电子合同的完整性、可追溯性。基于宁波通商银行现有的业务系统，平台实现了电子合同、电子委托等电子文件的合法性及保密性；实现了电子公文、电子合同、电子扫描件、电子回单等严格的阅读、打印控制机制，建立了完善的电子签章管理、使用系统，做到了所有签章行为有迹可查；还建立了认证流程，对所有开户人的身份进行认证，保证开户人在交易时的合法性、安全性和规范性。

3. 电子合同优势。

（1）高效率：减少繁复的线下签署环节、提高用户和银行的协议订立效率，对于简单纠纷实现在线仲裁，提升纠纷解决效率。

（2）降低成本：实现了异地借款人在线借款、在线还款，减少交通成本；同时采取大数据云端存管，电子化合同存管降低传统金融存储成本。

（3）高安全性：认证强度高、加密保护技术强、国家权威

---

[1] 宁波通商银行是国内首家外资银行成功重组改制的城市商业银行，注册资金52.2亿元。

[2] "宁波通商银行引进电子合同平台，打造新型商业银行"，载 http://news.sina.com.cn/o/2016 – 10 – 21/doc – ifxwzuci9246258.shtml，最后访问时间：2017 年 8 月 30 日。

机构背书，完全符合《电子签名法》以及相关法律法规。

（六）电子合同在供应链金融行业的应用

供应链金融是指银行围绕核心企业，管理上下游中小企业的资金流和物流，并把单个企业的不可控风险转变为供应链企业整体的可控风险，通过立体获取各类信息，将风险控制在最低的金融服务。随着社会化生产方式的不断深入，市场竞争已经从单一客户之间的竞争转变为供应链与供应链之间的竞争，同一供应链内部各方相互依存，"一荣俱荣、一损俱损"；与此同时，由于赊销已成为交易的主流方式，处于供应链中上游的供应商，很难通过"传统"的信贷方式获得银行的资金支持，而资金短缺又会直接导致后续环节的停滞，甚至出现"断链"。维护所在供应链的生存，提高供应链资金运作的效力，降低供应链整体的管理成本，已经成为各方积极探索的一个重要课题，因此，"供应链融资"系列金融产品应运而生。

1. 行业现有痼疾。

（1）成本高：供应链金融行业在纸质合同签订后依然需要人工输入进行电子化，造成线上线下重复劳动，耗费大，此外合同的寄送人工成本高。

（2）效率低下：供应链金融合同传统模式下递送时间以及在企业内部流转时间长，影响供应链金融本身的订立效率。

（3）管理成本高：纸质供应链金融合同保管占用大量空间，且需要大量人力进行日常维护，其仓储成本过高。

2. 电子合同现实应用。上海银砖金融信息服务有限公司[1]（以下简称多融财富）与中国云签达成合作协议，采用高效力的国家标准电子合同服务。在供应链领域，电子签名的应用场景除了电子合同、电子票据、电子凭证，还有电子仓单、电子质押物清单等，能有效改变供应链企业与上下游企业交互与纸质单据的传递方式。在线供应链金融主要通过平台交易数据、物流信息、支付信息等对各交易主体进行动态评级，再结合各交易主体的基本信息来决定其贷款额度。而对这些交易信息的大数据分析首先要解决的就是数据的可信性，通过互联网和电子签名技术，将无纸化的金融服务，融入供应链的日常运作当中，能有效保障交易数据和交易商提交的电子资质文件是可在线验证和可信的，助推供应链金融实现数字化。

3. 电子合同优势。

（1）高效率：减少繁复的线下签署环节、提高用户和银行的协议订立效率，对于简单纠纷实现在线仲裁，提升纠纷解决效率。

（2）降低成本：实现了异地借款人在线借款、在线还款，减少交通成本；同时采取大数据云端存管，电子化合同存管降低传统金融存储成本。

（3）高安全性：认证强度高、加密保护技术强、国家权威

---

〔1〕 多融财富是一家以银行承兑汇票、知名国企商票为主营业务的低风险、高收益的 P2B 互联网金融资产投资理财服务平台。公司成立于 2015 年 1 月，注册资金 1 亿，总部位于国际金融中心上海。公司背靠大型国有企业，深入挖掘供应链金融需求，为客户搭建了一个公开透明的创新型互联网金融服务平台。在内控方面，公司以融资企业持有的商业承兑汇票作为质押，保证其借款到期归还本息，并由承兑机构出具保函对融资企业在多融财富平台发布的融资项目本息进行担保。商票系列担保承兑公司均为国企、央企、上市公司等大型集团公司。

机构背书，完全符合《电子签名法》以及相关法律法规。

4. 互联网化：通过电子合同可以有效将供应链金融业务流程全程在线完成，真正实现全数字化的完美互联网体验，适应移动互联网时代的需要，从而推动传统供应链向互联网化转型。

二、电子合同在旅游行业的应用

电子合同的在线旅游行业应用，有效破除了在线旅游行业在供应链管理、个人用户业务拓展上存在的障碍。电子合同在旅游行业中根据面向的群体不同，分为 B 端（企业端）和 C 端（个人用户端）两种主要应用方式。如国内一些大型在线旅游平台（即 Online Travel Agent，OTA 平台），有着数十万家的旅行社、酒店商家等 B 端合作商，每年花费在合同签署和管理的成本非常高。电子合同的使用，能快速电子化地管理这些与 B 端合作商的合同，提高办公效率，减少管理成本。此外，无论是 OTA 平台还是传统的线下旅行社，每笔旅行团业务也必须面对大量的 C 端客户，合同签署和管理也是一个痛点。

如法大大电子合同，目前就针对旅行社做了有关旅游电子合同配套使用流程方案：

1. 旅行社在法大大平台在线填写并发起电子合同（模板现成可套用）。

2. 签署合同的提示通过多渠道（短信、邮件等）发送给游客。

3. 游客收到合同签署提醒，即可登录法大大电子合同官网签署该合同。

4. 合同保存在云服务器上，签署方可以通过自己的账户查看已签署的电子合同，也可以下载合同保存在本地。

除了签订过程的有效便捷之外，电子合同的安全保存、便于取证也对在线旅游行业至关重要。旅行社再也不用在一大堆的"合同山"中寻找合同，也不用担心合同弄丢了该怎么办。电子合同平台往往都有严密的验证机制和出证服务，可以最大限度地保证电子合同的客观真实性。

电子合同的引入对于整个旅游行业来说还有另一个重要意义，那就是可能改变整个行业的竞争格局。

传统旅游业竞争的方式太过于简单粗暴，即狂打价格战，用超低的价格吸引游客，然后在旅游过程中想办法"抠"回来。这也导致一时间黑导游盛行，旅行社形象岌岌可危，强制购物、野蛮导游等事件屡禁不止，归根结底还是这种病态的竞争模式所导致。

在传统旅游行业推行电子合同可以极大地保护消费者权益，便于主管部门进行行政管理，也有利于旅行社的规范运营，这可以从根本上扭转原有的恶性竞争态势，也让苦闷已久的旅游行业得以良性发展。据了解，法大大电子合同还可以附带电子合同法律保险，能在合同纠纷发生时对购买了此保险的被保险人所产生的法律费用，比如律师费、诉讼费、仲裁费等费用进行赔付。

就目前而言，国内已经有不少旅游从业机构上线使用电子合同了，如携程、同程旅游，也有不少线下的旅行社使用了电子合同与其客户签约。

三、电子合同在人力资源管理领域的应用

每个新员工入职的时候都是人力资源管理者比较头疼的时候，各种各样与人力资源相关的合同、文件的签署和保存管理，

都会占用人力资源管理者们很多时间，尤其是随着经济的发展大型跨地区甚至跨国公司的日益增多，很多公司面临大量需要异地签署劳动合同的情形。人力资源管理者们面临了一个新的问题，就是如何在人事聘用权由总公司把控的情况下高效处理各地分公司与人力资源管理相关的合同、文件的签署。此时，电子合同系统的使用就可以快速解决这个问题。用人单位与劳动者或者受雇方在线签署劳动合同或劳务合同，没有地域的限制，高效快捷。此外，随着劳务派遣公司的增多以及互联网社保服务的兴起，电子合同在人力资源管理领域的应用越来越广泛，劳动合同、员工入职/辞职检查表、员工手册、保密协议、离职证明等都是电子合同系统的应用范围。

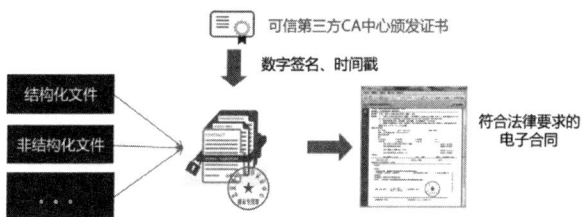

图 4 - 11　电子合同在人力资源管理领域应用基础架构

在人力资源领域使用电子合同，总是绕不开其法律效力的问题，然而根据《电子签名法》第 3 条第 2~3 款的规定，"当事人约定使用电子签名、数据电文的文书，不得仅因为其采用电子签名、数据电文的形式而否定其法律效力。前款规定不适用下列文书：①涉及婚姻、收养、继承等人身关系的；……"那如何理解"涉及婚姻、收养、继承等人身关系"的文书？

　　《电子签名法》此处规定涉及两个问题：其一，此处所述的文书是否仅限于"婚姻、收养、继承关系"的文书，是否包含其他的涉及人身关系的文书？其二，此处人身关系的范围应如何理解？人身关系既包括人格关系和身份关系，那么此处的人身关系是仅指身份关系，还是包括人格关系？比如属于人格权中的肖像权的许可使用合同是否可以采用电子签名、数据电文的方式？另外，如果涉及存在复合性质的权利，比如劳动合同和知识产权合同中涉及的权利既包含财产权属性也包括人身权属性，这类合同是否可以采用电子签名、数据电文的方式？

　　基于可靠电子签名完全可以取代手写签名的技术特点，用达到法定条件的电子签名和数据电文来替代手写签名和达到原件的法律效力，这在技术上是可行的，在法律实践上是行之有效的。事实上在电子签名技术应用最为广泛的美国，电子签名技术已经深入社会生活的方方面面，例如在美国，大量的投资协议、不动产转让协议都已习惯采用电子签名的方式签署以替代手写签名和纸质文件。正因为电子签名在互联网时代具有广阔的应用前景，在法律上采取限缩解释有利于可靠电子签名技术的推广和应用。

　　基于上述理由，此条不宜作扩张解释，不能采用电子签名、数据电文的文书应仅限于涉及婚姻、收养、继承关系的文书；而此处所指的人身关系，从该条列举的"婚姻、收养、继承关系"来看，其实只是涉及身份关系，并不涉及人格关系，更不涉及财产关系。[1] 而劳动关系是兼有人身关系和财产关系性质，

　　　　[1]　参见梅臻："《电子签名法》适用的难点问题探析"，载《法律适用》2016年第7期。

兼有平等关系和隶属关系特征的社会关系。劳动关系一经建立，则劳动者必须听从用人单位的指挥，将劳动力的支配权交给用人单位，接受用人单位的管理，服从其工作时间、任务等安排，遵守其规章制度。不能采用电子签名的文书应是仅限于涉及婚姻、收养、继承关系的人身关系的文书，劳动合同是可以适用的。

如果用人单位与劳动者以电子合同的方式签订了劳动合同，属于劳动合同法中的"书面劳动合同"吗？关于这个问题，首先要了解什么是书面形式的劳动合同。根据《合同法》第 11 条的规定，书面形式是指合同书、信件和数据电文（包括电报、电传、传真、电子数据交换和电子邮件）等可以有形地表现所载内容的形式。因此，电子类型的合同，也属于书面合同的一种。在法律实践中，书面形式的认定也不仅仅局限于人们传统意识中的纸质文书。在广东省高级人民法院（2016）粤民申 2180 号，陈某与广州海盈船舶设备有限公司劳动合同纠纷申诉、申请民事裁定书中，法院认为电子邮件作为数据电文的一种形式，是《合同法》《电子签名法》等现行法律法规认可的"书面形式"。在北京市朝阳区人民法院（2014）朝民初字第 13708 号，北京时间传媒文化传播有限公司与常某劳动争议一审民事判决书中，法院认为："手机短信作为一种以手机及其应用软件为媒介和载体的用以表达个人意思的形式，只要其可以证明案件的事实就可以成为证据，属于该条中的'书面形式'，理由如下：其一，书面形式不应局限于我们通常所说的普通书证，手机短信虽然与普通书证的记载方式、记载介质不同，但却具有相同的功能，即均能记录完全的内容，并以其内容证明待证事实的真实情况；其二，手机短信也是以其显示和记载的内容来说明案件的某一问题，且可以书面的形式呈现出来被人们看到及利用，其导出、打印出来后与书面形式并无不同；其三，我国《合同法》以及《电子签名法》等已经将传统的书面形式扩大到电子数据形式，而手机短信也属于广义上的电子数据形式。据此，可以认定手机短信属于实质上的书面形式。劳动者通过手机短信形式向用人单位发送辞职申请的方式属于我国《劳动合同法》第 37 条所规定的情形。"

从上述列举的案例中可以看出，实务中法院对书面形式的认定也是依照相关的法律规定，以电子合同的方式签订的劳动合同在实务中应当被认定为书面形式的劳动合同。此外，上海嘉定区劳动人事争议仲裁委员会的劳动争议纠纷案件中，该仲裁委明确认可了电子劳动合同属于书面劳动合同，劳动合同不属于不能使用电子合同的文书种类。知名的人资社保类服务网站 51 社保与法大大合作向客户推出了在互联网上签署电子劳动合同的互联网服务，这使电子劳动合同的签署逐渐成为一种潮流。

（一）人力资源实例应用——京东人力资源档案管理系统建设项目[1]

1. 项目背景。京东于 2004 年正式涉足电商领域。2015 年，京东集团市场交易额达到 4627 亿元，净收入达到 1813 亿元，年交易额同比增长 78%，增速是行业平均增速的 2 倍。京东是中国收入规模最大的互联网企业。截至 2015 年 12 月 31 日，京东

---

〔1〕 资料来源：北京数字认证股份有限公司。

集团拥有近 11 万名正式员工，业务涉及电商、金融和技术三大领域。随着京东集团规模不断扩大，员工人数增长迅速，每周仅总部入职员工约 200 人次。目前京东人事档案管理工作一直采用纯人工操作，整个工作流程（包含人员统计资料、职位异动资料等）都是使用纸张登记记录。随着公司规模逐渐发展，人员增多，记录工作效率下降，人事档案存储以及利用日益困难，劳动合同打印需要大量纸张，导致管理、存储成本大幅提升，统计、查询难度大。劳动合同签署全流程无纸化，需要先进的技术保障和可靠的法律保障，在解决合同存储、查询、管理问题的基础上，保证电子劳动合同的法律效力和责任认定。

《电子签名法》的颁布实施，确立了"可靠的电子签名"与手写签名或盖章具有同等的法律效力。CA 机构针对员工劳动合同无纸化、在线化的业务需求，依托领先的设计理念和过硬的技术实力，采用信手书手写数字签名系统产品，为京东集团提供手写数字签名解决方案，助力京东集团实现劳动合同签署全流程无纸化、帮助京东集团降低成本，提升效率与业绩。

2. 业务现状。现有的员工劳动合同采用纸质模式，需要打印并签字的合同包括：实习协议、保密协议、竞业禁止协议、员工遵守《京东集团员工手册》及反腐败承诺书、员工手册签收单、爱心基金捐款确认函、入职保险公积金通知函，且需要一式两份。需要复制、留存以及管理的纸质资质包括：离职证明、身份证、户口本、学历、学位证书、相关职称证书、技术等级证书、学生证等。

纸质合同签署和管理环节带来的问题如下：

（1）成本高昂。数量庞大的纸质合同带来高昂的纸张和耗材采购印刷成本，同时纸质合同有效保存也需要每年投入高昂的管理和维护成本。

（2）人力资源的消耗。数量庞大的纸质合同不易保存、查询和管理，给人力资源工作人员带来巨大的稽查工作量。

（3）降低工作效率。在员工入职办理过程中，相比电子化运转，纸质合同打印、签署、存档、查询和管理效率低下，增大了人工回收审阅及管理复杂度。

因此，京东人资服务规划实现无纸化办公，向员工提供更加便捷、快速的入职及各项办理服务。用电子档案、电子合同替代纸质文件实现电子化流转，从而降低流转存储成本、提高处理效率、优化服务体验，满足京东集团快速发展的要求。

3. 需求分析。针对京东集团员工劳动合同签署现状，建设无纸化的劳动合同签署平台和档案管理平台，实现线上全流程劳动合同无纸化、提升工作效率、保证电子劳动合同的合法性、电子化合同归档是项目建设的主要目标。其体现在以下方面：

（1）保证电子劳动合同的法律效力。采用电子合同替代传统的纸质合同签订，需要满足无纸化环境下，电子合同的合法性要求。劳动合同作为员工和京东集团明确双方权利和义务的关键凭证，建设方案应确保电子合同与传统纸质合同具有同等的法律效力和司法地位。一旦出现业务纠纷，电子合同应具有司法证据效力，有效证明电子签名人的签署行为与签署意愿，落实合同签订责任，维护合同内容和签名信息的真实、完整和不可抵赖性。

（2）节约运营成本，提升合同管理和查询效率。采用纸质合同方式，每年会产生上千万的纸张耗材成本。同时，长期保存纸质合同，会造成巨额的库房存储和管理成本负担。因此，本项目需要建设全流程电子化、无纸化的电子合同签署模式，为京东集团节省纸张耗材成本和纸质合同的存储、管理成本，实现员工劳动合同签署工作的"瘦身"，提升合同签署效率。

（3）保证电子合同的安全性。通过劳动合同签署电子签名，保证电子合同及签名数据的完整性、防伪造、防篡改，能够做到电子合同所签即所见。

（4）保证系统的便捷性和易用性。电子劳动合同签署，应从流程设计、签署方式、数据采集方式及后续的归档查询等环节，充分考虑人力资源工作人员操作的便捷性和易用性。尤其是在对现有纸质合同签署流程改造和设计上，应站在使用者的角度，考虑电子签名方式的可接受性。通过对现有合同签署流程的最小化改造，最大限度地减少使用者的不便性。

4. 解决方案。根据京东集团劳动合同电子签署需求，员工可通过 PC 或手机等方式完成劳动合同电子签署。

PC 方式：目前员工通过 PC 对电子版劳动合同进行浏览，工作人员通过高拍仪采集员工身份证照片、学历证书及其他证书照片，确认合同信息无误后，员工通过手写信息签名板对劳动合同进行手写签署。

手机方式：此部分主要为分布在全国各地的快递人员，在档案管理员将需要入职的人员信息导入系统后，系统发送签署短信到入职人员手机，通过手机打开签署链接，使用姓名、手机号、短信验证码登录后，提交电子版证件信息，对合同手写签名。

方案总体架构设计如下：

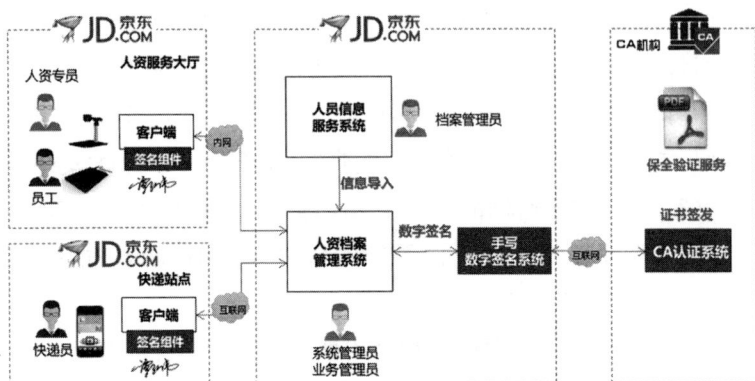

图4-12　京东人力资源档案管理系统整体架构

该解决方案由以下三个部分组成：

服务端：服务端由人力资源档案管理系统和信手书手写数字签名系统共同组成。手写数字签名系统负责实现电子劳动合同签署时的可靠电子签名，与人力资源档案管理系统对接，实现证书申请、机构签章、数字签名等电子签名核心处理功能。人力资源档案管理系统实现档案管理、合同添加、用户管理、权限管理等功能。

客户端：客户端使用手写签名组件，该组件与客户端集成，员工使用手写信息签名板或手机签名时，手写签名组件负责实现签名行为采集，并与信手书签名服务端互动，实现劳动合同签署的可靠电子签名，使电子合同与纸质合同具有同等的法律效力，并可对签名人的电子签名行为责任认定。

数字证书服务：该系统和服务部署在第三方电子认证机构，为每次电子劳动合同签署签发事件型数字证书，是方案实现电子劳动合同合法性的基础服务。

实施效果如下图所示：

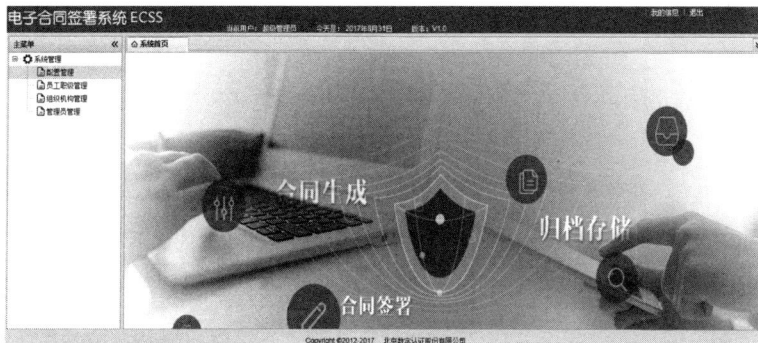

图4-13　京东人力资源档案管理系统整体架构内部页面1

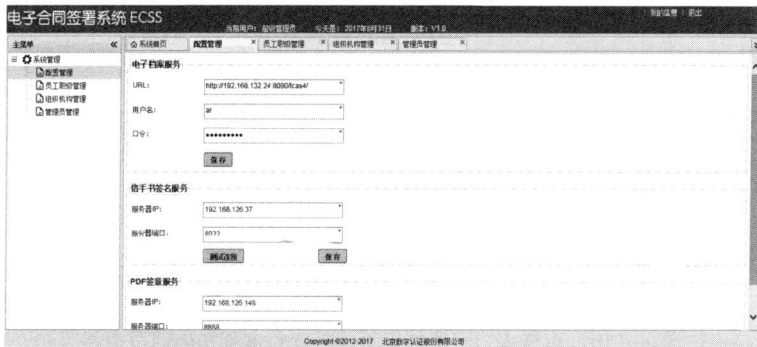

图4-14　京东人力资源档案管理系统整体架构内部页面2

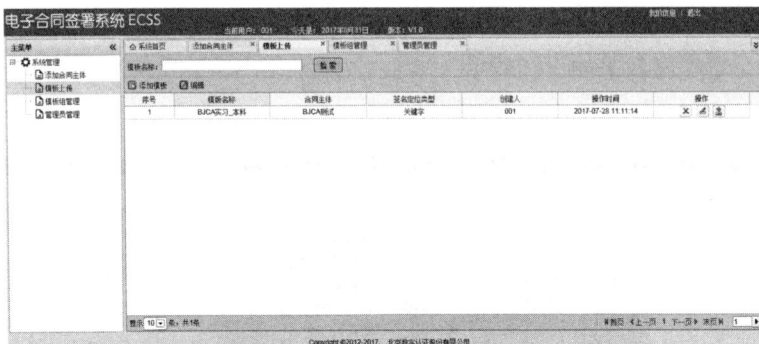

图4-15 京东人力资源档案管理系统整体架构内部页面3

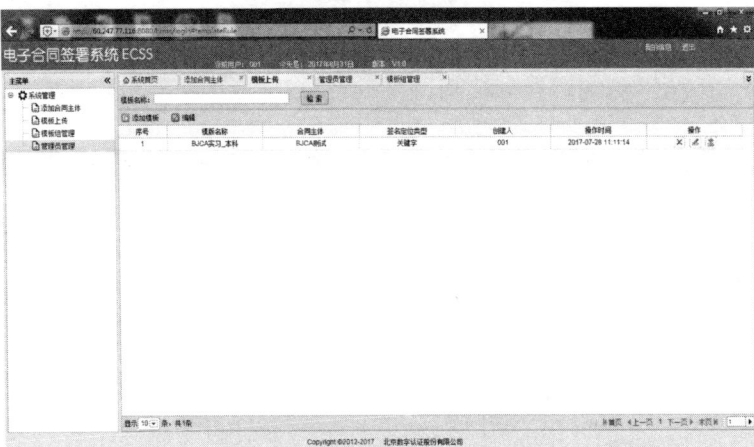

图4-16 京东人力资源档案管理系统整体架构内部页面4

图4-17 京东人力资源档案管理系统整体架构内部页面5

图4-18 京东人力资源档案管理系统整体架构内部页面6

四、电子合同在物流行业的应用

近十年来，随着电子商务的发展，中国的快递行业经历了爆发性的增长。根据国家邮政局统计，2006~2015年期间，我国快递业务量复合增速达40%，业务量从2006年的10亿件增长到 2015 年的 206.7 亿件，增长约 20 倍，并在 2014 年首度超过美国，规模持续保持全球第一。业务收入规模近 2800 亿元，近十年复合增速为 28%。2015 年，我国快递收入规模达 2769.6 亿元，同比增长 35.4%，收入规模较 2006 年的 300 亿元增长超过 8 倍，近十年复合增速为 28%。

对于快递行业来说，除了大量的个人用户外，还有很多企业月结客户。快递企业通常会和企业用户签订相关的赊销协议，约定快递费用以月结的方式支付，因此有大量签署合同的需求。在签署合同以后的合同履行过程中，快递企业还需要定时和客户对账确认每月发生的快递费用。另外，一些快递企业对企业用户推行电子运单，此运单上的信息无需手写，而是采用接入快递公司系统录入运单信息然后打印运单的方式产生运单，但是该运单上没有客户的手写签名确认，这容易导致双方对该运单信息是否真实发生争议。以上这些问题若采用电子合同平台的服务可以得到圆满解决，电子合同平台可以帮助快递物流企业远程与客户签约，完成对账单的签署确认，实现对电子运单的确认，而电子合同服务基于《电子签名法》的规定，可以达到与手写签名和纸质文件同等的法律效力。电子合同采用线上操作的模式，减少了线下人员递送的成本负担，提高了文件签署的效率，文件管理也非常高效便捷。

此外，电子合同在物流行业的应用也能有效解决文件或者物品的签收问题。在法律实务上，快递企业常常会因为非运单上的收件人签收而引起纠纷。比如说，快递企业将物品送到收件人处，但收件人不在而找他人签收，这种签收方式因为非运单上的收件人签收，留下了其否认的空间。此时，若使用电子合同，快递员可以要求收件人在他人代收货的情况下，由其本人远程签收。

五、电子合同在 O2O 和 B2B 领域的应用

从 2010 年的初生，到 2011 年团购行业受资本热捧，团购行业呈现疯狂增长的趋势，接下来两年又迎来团购市场的寒冬时代，一大批团购网站如昙花一现，从市场上销声匿迹。当初的"千团大战"只剩下了几个巨头生存下来。团购行业作为典型的 O2O 行业，也面临着巨大的合同签署管理的成本负担。团购网站每天都要更新产品，也有大量的线下合作商户，这意味着每天都要和不同的企业签订大量的合作协议，约定相关的权利义务和利益分成，这也令其合同签署管理成为团购企业的痛点。若使用电子合同，合同的签署和管理将变得非常的方便。除了团购行业，所有的 O2O 平台都面临与线下众多合作者签约和合同管理的问题，电子合同是其最好的解决方案。

2015 年，中国电子商务交易额 17.2 万亿元，其中 B2B 电子商务市场交易规模达到 12.4 万亿，B2C 电子商务市场交易规模接近 5 万亿。2016 我国电子商务市场交易规模突破了 20 万亿元，其中 B2B 电商市场交易规模将继续保持高速增长，突破 15 万亿，占整个电商交易规模 71.4%，仍处于主体地位。在 B2B 高速发展的过程中，B 端之间如何在线上快捷安全地达成交易成为一个越来越难以忽视的问题。因为相比淘宝这类偏向于 C 端的平台，B2B 业务的平均交易金额更大一些，而且交易双方均为企业，对合规性的要求更高，电子合同的使用更为迫切。交易双方可以在线上洽谈，达成合意之后签订电子合同，整个过程都在线上完成，快捷安全。

六、电子合同在办公系统和企业管理系统中的应用

随着网络的普及和信息技术的发展，企事业单位都越来越多地从传统工作模式转向办公自动化。由于单位办公自动化信息系统中的许多内容，如账目、凭证、采购销售、资金使用、生产计划、人事信息、机密文件、客户等方面的信息，都不同程度地关系到企业的安全发展，如果这些信息被窃取和篡改将有可能导致严重的后果。电子合同平台是基于电子签名技术产生的互联网服务，它可以帮助企业：首先，保证信息的完整性和传输过程的保密性，防止信息、数据在传输和下载过程中被窃取、被篡改。其次，合同的审批、签署和管理也是办公系统的重要模块，传统的企业办公系统只能解决电子文件在企业内部的传输问题且不具备防篡改功能，而不能解决企业合同的对外签署和电子合同的审批、修改和管理问题。

而电子合同系统的使用能很好解决以上两个问题。电子合同平台要求用户实名认证，主体身份明确，可以使合同各方在互联网上完成电子合同的签署和管理；电子合同所使用的电子签名技术具有防抵赖、防篡改和加密传输的功能，可以很好地解决信息完整性的问题。在 OA 系统中应用电子合同系统已成为了众多企业用户的选择，很多 OA 系统供应商纷纷在其开发的系统中加入或集成了电子合同的签署和管理模块，比如微软、SAP、用友、金蝶等主流的国内外办公软件服务商都非常重视与提供电子合同服务的供应商展开密切合作。

七、电子合同在房地产行业中的应用

随着人口的增多，一二线城市的人口聚集效应明显，越来越多的年轻人涌入了这些大城市发展。但是，一线城市高昂的

房价使人们更多地去考虑租房子而不是买房子。如今，随着租赁市场的发展，一些新形式的租赁平台出现了：自如友家、YOU＋、优客逸家等。这些平台通常会以二房东的地位对出租房进行装修以及管理，再对外出租。此时，平台不得不面对数量庞大的租赁合同、收据、物品交接清单等。这些数量庞大的纸质文件不仅耗费打印成本，更给后期的管理带来了很大的麻烦。电子合同的应用则能很好地解决这些问题。平台的工作人员与承租人在确定租赁相关事宜后，即可面对面在线签订租赁合同以及相关文件。后期全电子化的管理维护也十分简便。

第二节　电子合同的争议解决

如前所述，随着互联网时代的发展，电子合同的应用越来越频繁。而随着电子商务以及电商平台的发展，市场上渐渐呈现出电子合同取代传统书面合同的趋势，电子合同已经成为新一代成立合同关系所采取的主要方式。

从传统书面合同到电子合同的转变，不仅仅是形式上的，而是根本地、实质上、理念上的转变：你我之间可能素未谋面，也可能远在千里之外，却以某个网络账号为主体，通过虚拟的方式订立合同，也在虚拟的环境中记录履行的过程。发生过的这些事实，通过电子数据记录下来，该电子数据的原件无法查阅、无法调取。在这个前提下，电子合同的订立、履行等倘若存在争议，以核对主体证件、出示证据原件为主要解决问题手段的传统争议解决方式显然格格不入。于是，在电子合同的发展过程中，争议解决方式曾一度不相适应。新的交易模式的发展，决定了必须要有新的争议解决方式与之相匹配。本小节内容主要介绍电子合同争议解决痛点以及电子合同争议解决领域的新发展。

一、电子合同争议解决的痛点

合同争议，或称合同纠纷，是合同当事人之间对合同订立、履行、变更或者解除等相应内容及由此产生的法律后果所产生的争议。凡是合同当事人对合同成立、合同内容、合同效力、合同履行、违约责任，以及合同的变更、中止、转让、解除、终结等发生的争议，都应当包括在合同争议的范围之内。

一般合同的争议解决可以通过多种方式解决，主要包括四种方式：合同当事人自行协商和解、第三方介入进行调解、由仲裁庭进行仲裁（根据各国法律规定的不同仲裁模式，存在机构仲裁和临时仲裁两种）、到有管辖权的法院进行诉讼。仲裁庭作出裁决书、调解书，以及法院作出判决书或调解书后，对方当事人不主动履行的，可以到法院申请强制执行。

进入互联网时代以来，上述的传统争议解决方式已经不满足合同当事人解决纠纷的需求。传统争议解决方式因其被传统争议的处理经验和理念所束缚，往往在以下方面与电子合同的特点"打架"：

1. 电子证据的举证和认证困难。电子合同的签订以及履行过程基本上通过网络发生，合同订立的证据以及履行等相关信息均以电子数据为载体。换言之，电子合同争议的举证是以电子证据的形式出现的。然而，传统争议解决方式在认定电子证据的真实性、合法性以及关联性方面存在欠缺，尤其是认定电子签名的"真实性"过程中缺乏技术支撑，认为电子证据容易被篡改，因此传统争议解决方式尤其是诉讼，往往要求当事人进行证据公证、认证。但是，在商事交易中，签订电子合同多使用虚拟专用网络（VPN，虚拟专用网络我们可以把它理解成是虚拟出来的企业内部专线。它可以通过特殊的加密的通讯协议在连接在 Internet 上的位于不同地方的两个或多个企业内部网之间建立一条专有的通讯线路。在公用网络上建立专用网络，进行加密通讯，这种虚拟专用网络在企业网络中有广泛应用，以确保企业内部资料的保密和安全），且电子证据的原件容易被覆盖，在争议发生时，将证据再作公证或者认证，是非常困难的事情。所以，除非非常有前瞻性的当事人，在合同签订或者交易进行同时进行第三方证据认证；否则，当事人将没有书面签字盖章的合同文本、双方的邮箱通信显示页面进行打印，将微信截图，以此向法庭或者传统仲裁庭进行举证，可能存在不被裁判者认可的风险。

2. 电子合同的主体所在地、签订地、履行地、财产所在地不明，管辖权判断困难。电子合同的订立是通过网络的电子传递而形成合意，其订立的媒介显然不同于传统合同[1]。网络空间是全球化、一体化的，其无边界、不可视，无法等比成物理空间，无法分割领域，和物理空间不能一一对应，因此我们无法在网络空间中找到合同履行地、财产所在地，也难以确定网

---

〔1〕　徐伟功、柳絮："电子合同管辖权问题探讨——基于欧美和海牙国际私法会议的立法与实践"，载《东方论坛：青岛大学学报》2005 年第 6 期。

上活动者的住所和一次远程登录所发生的确切地点[1]。因此，在传统纠纷解决机制尤其是传统诉讼中，难以通过确定物理地点来确定纠纷解决的管辖机构。

3. 处理时间较长，与电子合同的便捷和瞬时特点相左。因为网络化、电子化的方式，合同当事人的沟通和交流可以是瞬时的，足不出户即可以和远在天边的另外一个合同相对方拟定协议、进行电子交易。与此相比，传统的争议解决流程却是缓慢而复杂的。无论是立案，开庭审理，办理公证、认证，还是等待程序文书的送达，一系列的流程都是需要时间去实施。这个过程往往以月为单位，甚至长达一年。这个过程与电子合同对效率的要求是南辕北辙的。

二、在线纠纷处理机制的探索

解决电子商务合同纠纷的机制有协商、仲裁和诉讼等，此外还有较新颖的在线争议解决方式。所谓在线争议解决方式（Online Dispute Resolution，ODR），是指运用计算机和网络技术，以替代性争议解决方式（ADR）的形式来解决争议。虽然在线争议解决方式基本上沿用了已有的替代性争议解决方式的形式，但是，由于其运用了网络这一特殊的技术手段而成为一种具有相对独立性的争议解决方式。根据 ODR 服务提供者不同，ODR 模式可分为两类，一类是以电商自发演化而成并反复出现的机制，例如某些网络交易平台自发产生的能够有效替代法律制度的私人秩序，可以称之为内部 ODR；另一类是指第三

---

〔1〕 肖永平："对海牙《民商事管辖权及外国判决公约》草案的分析"，载韩德培主编：《国际私法问题专论》，武汉大学出版社 2004 年版，第 301 页。

方机构，以网上仲裁、网上协商、网上调解等方式达到解决电子商务争议并为此设计的机制，称之为外部ODR。

目前，淘宝、京东全球购业务、洋码头、亚马逊等大型的电商平台采取了内部ODR模式，平台本身即提供售后服务处理、跨境消费争议处理平台，而一些较小的电商大多依赖于其他大型电商平台的售后服务或第三方支付平台的争议处理机制。从目前跨境电商纠纷解决机制上考察，不仅是我国的电商平台淘宝，也包含美国著名的电商平台Ebay，在纠纷调处的ODR模式选择上，都倾向于自行建立一套与司法处理并行的制度。其最显著的特点就是高效快速，且因为商家进驻电商平台都有各种形式的保证金，所以平台判断结果作出之后，当事人主动履行方面成功率也很高。然而，现有ODR机制在处理此类量大、价值小的争议时，存在语言障碍、法律适用、处理结果的执行等难以克服的困难。[1] 这种争议解决机制毕竟游离在司法体制之外，无法最终提供强制执行作为执行保障。缺乏第三方中立机构的裁判是内部ODR目前发展中普遍存在的一个问题，归根结底，内部ODR调处的电子合同纠纷是发生在纠纷平台本身。因此，内部ODR虽然解决了电子合同纠纷解决所追求的效率目标，但不一定也实现了法律意义上的公平正义，未能确保交易秩序良好运营。

外部ODR的代表作是《欧盟消费者ODR条例》及其实施细则的制定。根据欧洲消费者中心统计，2012年欧盟各国超过50%的消费者在网上购物，为了进一步保护消费者权利以及规

---

〔1〕 高薇："互联网争议解决的制度分析：两种路径及其社会嵌入问题"，载《中外法学》2014年第4期。

范电子商务 ODR 制度，欧洲议会和欧盟理事会 2013 年颁布了《关于在线解决消费者争议并修正第 2006/2004 号（欧共体）条例及第 2009/22 号指令的第 524/2013 号（欧盟）条例》，自 2016 年 1 月 9 日起在欧盟全境内实行。在《欧盟 ODR 条例》和《欧盟 ODR 实施细则》规范下，消费者或商家通过 ODR 平台解决在线纠纷的主要程序为：消费者在遇到电子商务纠纷时，可以登录一个由欧盟委员会研发、运行和维护的统一 ODR 平台，根据自己的语言习惯填写一份统一格式的争议解决申请表格。在表格填写完整后，ODR 平台会将该表格以电子邮件等方式送达被申请人，通知被申请人纠纷的状态。双方当事人应在 ODR 平台提供的 ADR 机构名单内共同选定一个 ADR 机构作为纠纷的处理机构。ADR 机构应在 90 天内结束程序，并向 ODR 平台汇报纠纷处理结果。ADR 机构通过 ODR 平台解决消费者和商家之间的争议，不要求双方或者他们的代表出席，除非其程序规定了这种可能性并且争议双方均表示同意。虽然解决了效率问题，并通过引入第三方、统一认定标准从而提升了纠纷解决的公平公正，这类 ODR 平台对争议的处理结果并不具有强制力。在这个欧盟消费者 ODR 程序完毕时，消费者或商家可以再在法院寻求司法救济的权利。

对比其他传统纠纷解决机制以及其他 ODR 机制，作为 ODR 另一形式的网络仲裁，显然极具优势。

三、互联网仲裁是解决电子合同争议的最佳方式

网络仲裁，或叫互联网仲裁，一般是指进行纠纷解决的仲裁程序在线上进行的仲裁方式。这意味着向仲裁庭提出仲裁申请以及其他仲裁程序均可通过网络进行——包括仲裁案件的立

案、答辩或者反请求、仲裁员的指定和仲裁庭的组成、仲裁审理和仲裁裁决的作出等。

我国仲裁机构对互联网仲裁展开了如下积极的探索和实践：

广州仲裁委员会（以下简称广仲）于 2015 年 9 月牵头成立了"中国互联网仲裁联盟"成立大会。2016 年 1 月，广仲开创全新仲裁模式，与第三方电子合同平台法大大完成系统对接，实现在线仲裁。在广仲的在线仲裁系统，申请人从申请受理到质证审理再到仲裁庭裁决，全程都可以通过线上完成，大大节约时间和经济成本。同时，广仲与法大大的系统实现技术对接后，通过法大大平台签订的电子合同更可以直接申请"一键仲裁"，与广仲在线仲裁系统对接，高效、便捷走完仲裁程序。这是广仲积极进行业务创新下推出的一项全国范围内首创的仲裁模式，为互联网场景下的法律纠纷提供更快速、灵活、全程电子化的解决途径。广仲还于 2016 年 10 月宣布中国互联网仲裁联盟云平台正式上线运行，积极推广在线仲裁理念与服务。

中国国际经济贸易仲裁委员会（以下简称贸仲）自 2001 年起在国内外率先采用网上争议解决的方式，为网络域名及通用网址等争议提供快捷高效的网上争议解决服务；随着电子商务发展，在网上解决域名争议的经验基础上，贸仲率先制定了《中国国际经济贸易仲裁委员会网上仲裁规则》，并于 2009 年 5 月 1 日起正式实施。截至 2017 年 5 月底，贸仲网上争议解决中心已受理或审结各类争议案件 3128 件。该网上仲裁规则采取网上和网下相结合的方式，以网上通信方式为主，以常规通信方式为辅，现实与虚拟兼顾；在体例上，该规则在"普通程序"之外根据案件争议金额大小分别规定了"简易程序"和"快速程序”，以适应在网上快速解决经济纠纷的需要。中国海事仲裁委员会自 2016 年开发了网上调解平台，针对物流领域业务量大、速度快、争议相对简单等特点，构建了在线调解程序和调解规则，拟先于程锦物联网试运行。

武汉仲裁委员会（以下简称武仲）自 2015 年开始建设网仲云平台，并通过搭建网仲云平台，构建了"3 ＋ 3 ＋ 4"（创新 3 种在线仲裁服务方式 ＋ 实现在线办理的 3 种案件类型 ＋ 切入 4 种类型的金融企业展开网上仲裁服务）的武仲"互联网 ＋"仲裁工作的新格局。2016 年年初，武仲与全国性的 CA 认证中心建立了合作关系，将武仲云平台系统与电子合同签约系统进行对接，为 BTB 电子商务提供"CA 认证 ＋ 仲裁"一条龙服务。网仲云平台是一个以 CA 验证，人脸、指纹等生物特征识别，身份证识别等技术手段解决用户身份认证问题；将仲裁程序电子化、文书格式标准化来提高仲裁效率；以 CA 数字证书认证的方式保证程序的安全性和合法化的在线仲裁案件办理平台。截至 2017 年 5 月，网仲云平台已经办理的批量确认仲裁案件包括车辆按揭消费贷和融资租赁批量案件，累计办案数量已超过 3 万件，累计标的额超过 60 亿；个案仲裁确认系统已经上线运行一年左右，受案标的近 10 亿；更多在线仲裁服务正在试运行过程中。

深圳仲裁委员会（以下简称深仲）于 2016 年 3 月启动"云上仲裁"平台，并在前海自贸区挂牌成立深仲网络仲裁中心。该中心是深仲联合中国电信、深圳公证处，共同打造的集"电子证据固化 ＋ 在线公证保全 ＋ 网络仲裁服务"为一体的智慧平台。智慧平台对电子邮件、QQ 记录、微信、短信等电子数据进行固化和存储，避免丢失或篡改。其中，连接用户与智慧平台的 Z－agent 安全中间件已获得中国软件著作权。深仲电子证据固化功能上线以来，以月均上万份证据的上传量，持续增长，广受好评。智慧平台在全球范围内，使身处不同地域的当事人足不出户完成立案、开庭、裁决等仲裁流程。截至 2016 年 6 月，深仲已与深圳市市场和质量监督管理委员会、众信电子商务交易保障促进中心实现电子数据互联互通，成功接入超过 30 家大型企业和机构。"云上仲裁"项目已进入国家电子商务诚信建设项目库，并获评为"深圳 2016 年度十大法治事件"之一。2017年 6 月，深仲作为我国在线争议解决机制的代表，参加了由国际商会仲裁院主办、在巴黎召开的在线争议解决机制国际研讨会，介绍了网络仲裁在中国的新发展。

　　青岛仲裁委员会（以下简称青仲）于 2016 年 5 月 20 日在北京揭牌成立青岛仲裁委员会互联网仲裁院，为国内首家互联网仲裁院。互联网仲裁院旨在借助互联网技术，主要面向互联网公司、电子商务类企业以及涉及高新技术、网络的领域，提供高效、快速的纠纷解决服务。互联网仲裁院的特色在于通过积极走访调研、分析研究各个互联网企业及互联网金融公司商业模式、纠纷特点，争取为各个互联网企业量身定制纠纷解决服务。据调研，截至 2017 年 5 月，该互联网仲裁院已为酷我、优酷、360、六合联动、鑫岳影业、六趣游戏、人人车、今日头条等互联网企业提供了专项在线仲裁服务，并受理互联网金融类案件数十起。

　　北京仲裁委员会（以下简称北仲）自 2016 年底研究确定了互联网在线纠纷解决的基本模式。目前其在线仲裁的应用范围和要求为：案件范围为"交易及纠纷全部产生于互联网平台"的争议案件；双方当事人在纠纷发生前明确选择符合在线纠纷解决的规则，同时要在有相关资质的第三方证据储存平台预先保全了相关证据材料；案件的纠纷类型及证据保全的内容符合北仲认可的在线纠纷处理规则要求。同时，北仲正在研发适配于在线纠纷解决的仲裁规则。

另外，上海仲裁委员会于2017年4月1日正式开通在线立案平台，逐步推进在线仲裁服务。

总结目前国内仲裁机构对互联网仲裁的实践，可以发现互联网仲裁具有如下优势：

1. 互联网仲裁没有时间、地域和级别限制，契合该纠纷的即时性和广泛性特征。互联网仲裁实行协议管辖，没有级别的限制和地域的限制，只要当事人选择了某仲裁机构进行网络仲裁，根据《纽约公约》（全称为《承认和执行国外仲裁裁决公约》）的规定，裁决结果可在150多个国家得到承认和执行。例如，深仲的网络仲裁服务智慧平台为境内外当事人提供民商事争议网络解决服务，在全球范围内使身处不同地域的当事人足不出户完成立案、开庭、裁决等仲裁流程。该平台上线以来，深仲已通过网络仲裁平台立案上千宗，快速处理一批互联网金融、电子商务等案件，适应了互联网解决纠纷服务新需求。

2. 互联网仲裁电子证据的适用契合该纠纷中证据的数据化特征。电子合同纠纷的证据通常为电子证据，其原件通常需要通过互联网提取，传统纠纷解决机制无法还原证据原貌，难以查清纠纷事实。互联网仲裁可结合CA认证及第三方电子证据存证、认证，直接通过互联网保存、提取、分析电子证据，保证证据审查的客观性。例如，武仲与 CA 认证中心建立了合作关系，将武仲云平台系统与电子合同签约系统进行对接，为 BTB 电子商务提供"CA 认证＋仲裁"一条龙服务；深仲针对电子证据"举证难、确认难"的司法审判难题，充分利用智慧平台对电子邮件、QQ 记录、微信、短信等电子数据进行固化和存储，避免丢失或篡改；北仲与国家信息中心电子数据司法鉴定中心共同研究制订第三方证据保全平台电子数据使用规范，共同推广第三方证据保全平台的保全服务和平台所提供的保全电子数据在仲裁活动中的利用等。

3. 互联网仲裁具有高效性，满足该纠纷双方当事人对纠纷解决效率的要求。互联网仲裁程序中，案件各方当事人均可在线即时互动，文件资料的传递可同步进行，从而节省办案时间，提高办案效率，使得仲裁程序简便灵活、快捷高效的仲裁价值得到充分的发挥。武仲针对金融机构不定期发生的转贷、再融资、债务重组等标的额较大需要进行仲裁确认的案件，开发上线了个案仲裁确认系统。金融机构和协议相对方可以通过网仲云平台不受时间、地点、场景的限制即时在线申请办理仲裁确认。

4. 互联网仲裁具有经济性，更加适应该纠纷解决的需要。互联网仲裁，所有文件的传递和证据材料的提交均在互联网上以数字化方式进行，极大地节省了书面文件的复印费、传真费和邮寄费，节省了当事人及仲裁员跨区域前往指定地点开庭的差旅费。武仲根据市场需求，针对批量发生的小额贷款业务需要进行仲裁确认的案件，开发上线了"一对一"的批量确认仲裁方式，从签约到仲裁程序走完，全文本、全流程都是标准化、数据化的，几乎可以达到无人工参与的程度。即便是采取传统仲裁方式，互联网的数字化立案平台也大大提升了效率，极大地节约了时间成本。

另外，凡是开展在线仲裁服务的仲裁机构，均首先提供便捷高效的在线立案服务。当事人网上立案操作完成以后，经立案人员审查通过，即可凭手机短信缴费，完成全套立案程序，当事人无需再为立案事宜往返于仲裁机构，极大地节省了时间成本。如北仲利用移动互联网，搭建并发布了在线预约立案及微信移动助手等为当事人直接提供在线服务的平台，逐步向当事人提供一系列互联网应用服务。当事人可利用这些开放的平台申请立案、收取电子送达信息、实时监控案件的办理进程等。据调查，目前北仲立案室月均收案量中有80%的案件直接来源于在线预约立案平台，这些案件的当事人立案后均直接绑定微信移动助手，可实时利用手机的微信客户端接收案件各办理环节的送达文书并监控整个案件的办理进程。

5. 互联网仲裁有完善的安全保障机制，满足互联网金融纠纷双方对信息安全性的要求。互联网金融活动通过网络进行，当事人为保护其商业秘密和个人信息，在解决纠纷时对安全性的要求非常高。现有的互联网仲裁系统充分考虑了信息的安全性，系统通过完善的技术手段确保信息安全。如前述武仲、北仲、深仲、广仲等均有与权威第三方合作等系列措施保障信息的安全性。

总之，得益于其高效、专业、安全、无地域等特点，互联网仲裁成为解决电子合同争议的优选方式。电子合同与互联网仲裁是密不可分、相辅相成的：正因为电子合同自身固有的特点，和仲裁源于商务、服务商事活动的灵活便捷属性与之的高度匹配，让互联网仲裁成为电子商务纠纷解决的首选。

根据仲裁法的规定，选择互联网仲裁，如同选择仲裁解决纠纷一样，需要以仲裁协议为基础。仲裁协议，是指双方当事人在自愿、协商、平等互利的基础之上将他们之间已经发生或者可能发生的争议提交仲裁解决的书面文件，是申请仲裁的必备材料。根据《中华人民共和国仲裁法》第 16 条第 2 款的规定，仲裁协议应当包括下列内容：请求仲裁的意思表示，即当事人以仲裁方式解决纠纷的具体、明确、肯定的意愿；仲裁事项，即当事人提交仲裁的具体争议事项；选定的仲裁委员会，即受理仲裁案件的机构，由于我国是机构仲裁，当事人应当约定选择唯一的依法成立的仲裁委员会进行仲裁。此外，进行互联网仲裁，电子合同的当事人应当约定使用仲裁机构所拥有的互联网仲裁条款（或称网络仲裁条款）、在线上进行仲裁。

在实践中，有不少当事人通过点击网站服务协议的方式签署互联网仲裁条款。当事人经过阅读电子合同条款后，通过点击"我接受"或"我同意"之类的选项，签署经营者事前已经拟定好的电子合同，此时若电子合同中包含网络仲裁协议，该争议解决条款是否也会如"天猫管辖协议被认定无效"一案被人民法院认定为无效的格式条款呢？答案是否定的，具体理由如下：点击的电子合同中的仲裁条款包含了当事人以仲裁方式解决纠纷的合意。虽然该合同是经营者事前拟定的，但相对方的当事人仍有权选择是否接受，因此，不应轻易以格式条款为由否认当事人的合意。就"天猫管辖协议被认定无效"一案而言，人民法院之所以认定管辖条款无效是考虑到，就网站购物而言，原告及大多数消费者所购商品通常价格不高，其住所地或合同履行地与天猫公司所在地相距甚远，如该管辖条款有效，消费者将额外负担相较于商品价格明显过高的差旅费用及时间成本，甚至阻却消费者合理的权利诉求。若争议解决方式通过网络仲裁处理，则上述认定格式条款无效的理据并不充分。在网络仲裁中，当事人提交材料、缴费通过网络进行，无需专程到仲裁机构立案、开庭并为此额外承担相较于商品价格明显过高的差旅费用及时间成本。那么，消费者的仲裁权利不会因差旅费用及时间成本考虑而受到阻却，即不存在提供格式条款一方免除其责任、加重对方责任、排除对方主要权利的格式条款无效情形。相反，对于消费者而言，出于提高效率、节省时间等综合因素考虑，选择通过网络仲裁解决纠纷的愿望，更有利于保护其合法权益。由此可见，当事人通过同意网站服务协议的方式达成的电子化网络仲裁条款也应当认定为有效的仲裁协议。

综观当前国内不少具有前瞻性的仲裁机构，均已经推出或在研发适配于在线纠纷解决的仲裁规则，而在线仲裁规则也必然将随着电子商务本身的发展而不断调整适应纠纷解决的需要。仲裁规则可以根据实践需求和当事人适用的反馈，由仲裁机构积极进行调整的特性本身，体现了仲裁服务于商事活动的本质特征，也决定了在线仲裁规则必将更加符合电子商务发展的规律，有利于保障电子商务当事人的合法权益。相信未来在线仲裁将会紧密跟随电子商务的发展，为在线纠纷的解决量身订制更高效、简易的纠纷解决流程与服务，为电子商务的蓬勃发展打造"后顾无忧"的保障环境。

第五章

我国电子合同的技术发展

第一节　电子合同的通用技术需求

一、确保用户身份的安全性

电子合同订立的双方或多方通过网络运作，在互不见面的方式下进行合同的签订，在这种情形下如何证明当事人自己的身份以及辨识对方的身份变得尤为重要；仅通过"用户名口令"的认证方式，安全度较低，存在冒用、盗用等风险。因此，电子合同需要采用更安全的身份认证方式。

二、保证电子合同的完整性

电子合同所依赖的电子数据具有易消失和易改动的特性，为了避免当事人因无法证明合同自签订后是否篡改过而引发的争议或纠纷，需要采取必要的技术手段，实现电子合同的完整性保护。

三、保证电子合同的机密性

电子合同中通常包含当事人的私密信息和较敏感的商业信

息，这些信息直接暴露在网络中，容易被他人获取，给当事人带来不可估计的损失。因此，电子合同在传送的过程中需实现机密性保护。

四、保证电子合同的不可否认性

传统合同一般以当事人签字或盖章的方式表示合同生效，而在电子合同中只能采用电子化的手段进行签名；为了防止当事人否认合同被签署，需要对电子合同进行不可否认性保护。

五、确保电子合同签署时间的可信性

合同成立的时间对于当事人的权利与义务以及合同应适用的法律具有重要的意义；因此，用于表明合同签署和生效的时间必须具有可信性。

六、实现电子合同的可操作性

为了使当事人能够在合同签订前进行充分的沟通，并对合同进行创建和修改，需实现合同谈判和合同编辑功能；在签署过程中，为了方便当事人确认签署内容、知晓签署流程和状态，需实现电子合同签署的可视化、流转控制和实时状态查询功能；签署完成后，应能针对已有合同进行验证、变更、终止等操作。

七、实现电子合同的可管理性

签署完成的电子合同，通过归档和存储技术，可以实现长期保存；为了实现电子合同的保密性，在提供查询、下载、打印的基础上，应实现权限管理，限定用户只可以操作自己参与的或经过授权的合同；针对合同模板的创建、使用等也应进行相应的管理。

第二节　电子合同的系统构架

图 5-1　电子合同的系统构架

一、核心技术组件

（一）身份认证组件

身份认证已经作为信息安全的一个重要内容，引起了人们的强烈关注。身份认证又叫实体认证，它是信息系统的第一道安全屏障，也是实施访问控制的基础，因此具有十分重要的作用。随着信息技术的发展，身份认证技术也在不断地发展，各种身份认证方式也相继出现。

鉴于各种身份认证方式的多样性和所达成认证效果的差异性，提供基于可配置的、兼容多种认证技术的组件，不仅可以为当事人定制不同安全等级的认证方案，也可根据终端、系统等因素的变化进行调整。

身份认证的本质是被认证方的某些特定信息，除被认证方自己外，该信息不能被任何第三方伪造。如果被认证方能采用某种方法使认证方相信他确实拥有那些秘密，则他的身份就得到了认证。因此，根据被认证方赖以证明身份秘密的不同，身份认证可以分为四大类：基于秘密信息的身份认证技术、基于信物的身份认证技术、零知识身份认证技术和基于生物特征的身份认证技术。基于秘密信息的身份认证技术包括用户名口令、数字证书等；基于信物的身份认证技术主要有智能卡；基于生物特征的身份认证技术包括指纹、人脸、声音；等等。

复杂的网络环境对身份认证的安全性和可靠性提出了更高的要求。沿用单一的用户名口令已不能保障认证结果的真实性，目前通常采用用户名口令结合数字证书或者生物特征的认证方式。

（二）电子签名组件

电子签名是指数据电文中以电子形式所含、所附的用于识别签名人身份并表明签名人认可其中内容的数据。电子签名具有多种形式，如附着于电子文件的手写签名的数字化图像，包括采用生物笔迹辨别法所形成的图像；向收件人发出证实发件人身份的密码、计算机口令；采用特定生物技术识别工具，如指纹或是眼虹膜透视辨别法等。就电子签名的法律效力而言，根据我国《电子签名法》的有关规定，只有可靠的电子签名与手写签名或者盖章具有同等的法律效力（其中关于"可靠电子签名"的条件要求见《电子签名法》第13条所述）。

电子签名组件可以依赖于很多技术来实现，例如一些以生物识别技术生成的电子签名，其直接依据签名人的生理特征就可以辨别电子签名的真伪。在目前，各国电子商务或者电子签名立法中确认的需要认证的电子签名一般指的是数字签名。数字签名是指通过使用非对称密码加密系统对电子记录进行加密、解密变换来实现的一种可靠电子签名技术，目前它在各国的电子商务实践中得到了广泛的应用。这种电子签名需要经过权威第三方认证机构进行认证，作为第三方的数字签名认证机构通过给从事交易活动的各方主体颁发数字证书、提供证书验证服务等手段来保证交易过程中各方主体电子签名的真实性和可靠性。

电子签名是电子签名组件最重要的组成部分，可实现对PDF、OFD 等不同类型的电子文件的签署。基于兼容性和可扩展性的设计原则，电子签名组件应能支持国产密码算法（如SM2 椭圆曲线公钥密码算法、SM3 密码杂凑算法、SM4 分组密码算法等）以及国际主流的签名算法（如 RSA 公钥加密算法等）。

（三）时间戳组件

电子合同成立时间，是指电子合同开始对当事人产生法律约束力的时间。在一般情况下，电子合同的成立时间就是电子合同的生效时间，合同成立的时间是对双方当事人产生法律效力的时间。所以，电子合同中的时间属性是能否确保合同正常履约的重要条件。采用时间戳（time - stamp）的方式能够有效地标识电子合同成立的时间，以证明电子合同在签名时间之前就已经存在，且该电子合同自加盖时间戳之日起没有被篡改、伪造过。

时间戳是使用数字签名技术产生的数据，签名的对象包括原始文件信息、签名参数、签名时间等信息。数字时间戳服务（DTS：digital time stamp service）是网络电子商务安全服务内容的一部分，它可以提供各类电子文件的时间信息的安全保护。时间戳的本质就是一个字符序列，唯一地标识某一刻的时间，它包括三个部分：其一，需要加盖时间戳的文件的摘要；其二，DTS 收到文件的日期和时间；其三，DTS 的数字签名。

时间戳组件则一般由权威第三方数字认证机构基于 PKI 技术开发，满足时间戳签发的基本要求，采用精确的时间源、高强度高标准的安全机制，为用户提供精确的、可信赖的且不可抵赖的数字时间戳服务。

（四）数据加解密组件

电子合同系统中的数据加解密组件采用的加密机制一般可分为两种：对称加密和非对称加密。密钥是控制加密及解密过程的指令，在对称加密机制中，数据的加密与解密用的是同样的密钥，而非对称加密机制需要两个密钥：公开密钥（public key）和私有密钥（private key），公开密钥与私有密钥是一对，如果用公开密钥对数据进行加密，只有用对应的私有密钥才能进行解密；如果用私有密钥对数据进行加密，那么只有用对应的公开密钥才能进行解密。因为加密和解密使用的是两个不同的密钥，所以这种算法叫作非对称加密算法。与对称加密的方法相比，非对称加密算法强度复杂、安全性更高，当然也正是由于其算法复杂，也使得其加密解密的速度没有对称加密解密的速度快。

此外，为保障电子合同数据传输的安全性，用户和运营平台之间应通过 HTTPS（HTTP over Secure Socket Layer）协议进行通信，确保数据在网络上的传输过程中不会被截取及窃听，满足商业运营的要求。SSL（Secure Sockets Layer 安全套接层）协议作为数据加解密组件的重要组成部分，能够为网络通信提供安全及数据完整性保护。

二、核心应用组件

（一）身份管理

身份管理主要是对电子合同用户身份及电子合同系统管理员模块进行管理，对电子合同用户的管理一般包括用户申请注册管理、用户域管理以及划分、用户身份认证、用户信息与用户电子印章的绑定等；电子合同管理员模块则用于根据用户要求提交合同样式，验证用户的身份、内容以及签章时间，查看证书状态等。

（二）业务处理

业务处理是对在形成电子合同过程中的各项主要业务功能的集合，作为电子合同信息化管理系统的核心，对其业务功能建设的规范化和标准化，在整个信息化系统建设中显得尤为重要。业务处理功能包括：新建、修改、签署、变更、延续、终止合同、合同的验证，以及谈判管理等功能。其中，新建功能主要包括用户签署申请、起草合同两个功能环节。

（三）合同管理

合同管理是利用信息化管理技术优势，高效、便捷地为用户提供合同文档全过程管理的功能体现。电子合同作为电子文件的一种，其信息化管理应当与电子文件的管理在一定程度上相符合，同时在实际的信息化管理系统建设过程中其功能的设计也应与电子合同自身的特色相结合。合同管理功能包括：合同归档、存储与备份，以及合同利用管理等。其中合同利用管理功能主要包括：阅读打印、检索、统计、合同模板等。

（四）签名管理

签名管理是电子合同签署过程的核心功能模块，其主要目的是确保电子合同缔约各方的签名安全、可靠、不可抵赖，使得签名成为缔约双方认可电子合同内容的重要凭证。其通用功能包括个人签名管理、企业印章管理、签名验证、密钥管理等。

（五）合同存证

合同存证是电子合同签订后纠纷解决举证的重要手段，其主要目的是将签署后的电子合同文件的哈希摘要、各缔约方的身份信息、缔约时间等特征信息保全到司法鉴定机构或有存证服务能力的第三方，以便在产生纠纷时可以出具具有法律效力的鉴定文书，该鉴定文书可被司法机构如仲裁、法院判定为有效证据。

（六）系统维护

系统维护是信息化系统功能中相对比较通用的功能，其主要目的是方便系统管理员，以及信息化技术人员对系统进行管控和调整。一般通用的功能包括用户管理、权限管理，以及日志管理等。结合电子合同的自身特点，电子合同信息化管理系统在日常维护管理中还应包括对于合同文件的分类方案的管理，系统对 CA 数字证书、电子印章等外部功能接口的管理等。遵循相应的国家标准，建立具一套完备的安全保密机制。

（七）集成接口服务

电子合同信息化管理系统往往由多个异构的、运行在不同的软硬件平台上的信息系统共同组成，包括电子合同管理系统、电子签章系统、时间戳系统和数字证书签发系统等。这些系统的数据源彼此独立、相互封闭，数据难以在系统之间实现交流、共享和融合。集成接口服务作为电子合同信息化管理系统的基础性功能模块，可用于解决上述"信息孤岛"问题，将各个分离的系统、功能和信息等通过接口的形式集成到相互关联、统一和协调的平台之中，使资源实现充分共享，从而实现集中、高效、便利的管理。

三、配套设施

（一）网络体系

电子合同系统的网络体系结构整体采用 B/S（Browser/Server）模式，Web 浏览器是其客户端最主要的应用软件。这种模式统一了电子合同系统的客户端，将系统功能实现的核心部分集中到服务器上，从而简化了系统的开发、维护和使用。在此基础上，考虑到电子合同系统建设方的不同需求，电子合同签署方式的系统架构还可分为本地模式和云端模式两种。

（二）硬件设备

采用 B/S 架构模式的电子合同系统客户端零安装、零维护，系统升级和改进更加方便，网络管理员只需管理相应的硬件服务器（或云服务器）即可，包括电子合同平台业务服务器，以及其他应用服务器（如电子签章服务器、文档转换服务器等）。此外，支撑电子合同系统运转的其他硬件设备还包括第三方认证机构内部的 CA（Certification Authority）服务器、RA（Register Authority）服务器、第三方可信机构的时间戳服务器等。

（三）数据库及存储系统

电子合同系统的数据库及存储系统，其功能是为系统提供一个易于扩展、开放、可靠、性能良好的数据存储环境，主要用于存储电子合同及其相关数据等。这些数据往往涉及合同签署双方的机密和隐私，一旦泄露或丢失就可能让组织蒙受经济损失，或者失去客户和公众的信任。因此，为保证数据库系统的安全，数据库应实现包括身份验证、访问控制、数据加密、审计跟踪以及数据容灾备份与恢复的安全功能。

（四）系统软件

电子合同系统软件通常包括操作系统和一系列基本的工具性软件（比如数据库管理、文件系统管理、用户身份验证、驱动管理、网络连接等）。其主要功能是调度、监控和维护电子合同系统，负责管理电子合同系统中各类硬件设备，使得它们可以协调工作。

第三节　电子合同的核心技术

一、电子认证技术

电子认证技术以公钥基础设施（PKI，Public Key Infrastructure）体系为支撑，能够对网络上传输的信息进行加密、解密、数字签名和数字验证。电子认证是电子商务交易的核心环节，可以确保网上传递信息的机密性、完整性和不可否认性，确保网络应用的安全。电子认证所具有的这些特性，在电子合同的信息化系统中也起到了基础性和关键性的作用。

1. 真实性，确保交易双方的真实身份、信息内容真实以及交易发生时间的真实性。

2. 完整性，确保双方交易的信息是完整的、没有被篡改过和伪造过。

3. 机密性，确保电子交易中的数据电文、交换数据、信息的保密性，使之不被交易双方以外的交易无关个体获知。

4. 不可否认性，确保交易双方不能对其参与过交易的事实进行抵赖，为日后可能存在的交易纠纷提供了可信的证据。

二、电子签章技术

电子签章技术是在电子签名技术基础上发展而来的，电子签章是电子签名的一种表现形式，它是通过图像处理技术将电子签名操作转变成与人们习惯的传统盖章操作一样的可视效果，同时利用电子签名技术保障电子信息的真实性和完整性以及签名人的不可否认性。目前，该技术已在电子合同信息化管理系统中得到广泛应用，为电子商务活动中交易双方的电子合同的可靠签署提供了一种有效的实现方式。

三、密钥算法技术

密码学中两种常见的密钥算法为对称密钥算法和非对称密钥算法（又称公钥加密算法）。

1. 对称密钥算法技术。对称密钥算法是应用较早的一种加密算法，技术成熟，效率较高。在对称密钥算法中加密密钥和解密密钥是相同的，而且算法公开。数据发送方使用加密密钥对原始数据进行加密算法处理，得到密文，发送给接收方；接收方收到密文后，利用解密密钥对密文进行解密即可得到数据原文。对称加密算法的特点是算法公开、计算量小、加密速度快、加密效率高，不足之处是，双方都使用相同的密钥，安全性得不到保证，并且密钥分发困难。

2. 非对称密钥算法技术。与对称密钥算法不同，非对称密钥算法需要两个不同但又是完全匹配的密钥：公钥（public key）和私钥（private key）。如果用公钥对数据进行加密，那只能用私钥进行解密；反之，如果用私钥加密，那么只有用对应的公钥才能解密。用户可用数字证书的形式公开自己的公钥，但必须保管好自己的私钥。非对称密钥算法的优点是加密强度高，密钥分发管理容易，非常适合分布式网络系统；缺点是加密速度慢，效率较低。

当前电子合同签署应用中使用最多的密钥算法为非对称密钥算法。当然，随着密码技术的进步，非对称密钥算法的效率和性能也将不断提升（如国家密码管理局推荐的 SM2 椭圆曲线公钥密码算法等）。

四、数字签名

数字签名是可靠电子签名技术中使用最广泛的一种，其是应用非对称加密算法对所要传输的数据进行加密。数字签名在电子合同信息化系统中的应用原理是：电子合同发送者先使用 HASH 函数对原报文文本进行计算，生成摘要值，然后用自己的私钥对摘要值加密，并把加密后的摘要值和原报文一起发送给接收者；接收者接到这些后，使用同样的 HASH 函数从原报文中计算出摘要值，然后接收者用发送者的公钥对加了数字签名的摘要值解密，如果两个摘要值相同，那么说明发送方发送的电子合同没有被篡改。

五、数字证书

数字证书是由证书授权（Certificate Authority）中心发行的，用于识别互联网用户身份的一种权威性电子文档，绑定了公钥及其持有者的真实身份，人们可以在电子合同的缔约过程中用它来证明自己的身份和验证对方的身份。当然在数字证书认证的过程中证书认证中心（CA）作为权威的、公正的、可信赖的第三方，其作用是至关重要的。截至 2017 年 3 月 15 日，国家工业和信息化部以资质合规的方式，已陆续向全国 43 家相关机构颁发了从业资质（电子认证服务许可证）。

六、可信时间戳

可信时间戳的"可信"主要体现在两个方面：一是时间源的可信；二是时间戳证书的可信。在我国，可信的时间源一般是指来源于中国科学院国家授时中心的时间，该机构承担着我国的标准时间的产生、保持和发播任务，其授时系统是国家不可缺少的基础设施，承担我国标准时间、标准频率发播任务，为我国国民经济发展、国防建设、国家安全等诸多行业和部门提供了可靠的高精度的授时服务。此外，时间戳技术从本质上讲是对时间信息的数字签名，因此需要权威第三方认证机构签发可靠的时间戳证书以完成可信时间戳的最终生成和验证。

第四节　电子合同的发展趋势

为规范各类电子商务交易中的合同行为，保护企业和消费者的合法权益，营造公平、诚信的交易环境，保障交易安全、促进电子签名的应用和电子商务的快速发展，商务部于 2013 年 9 月 2 日审核发布了《电子合同在线订立流程规范》，该规范参照了我国《合同法》《电子签名法》《电子认证服务管理办法》等 12 部法律法规。规范明确规定了电子合同、电子合同订立系统、电子合同第三方存储服务商等概念，为电子合同网络签约指明了方向。2015 年 5 月 4 日，国务院印发《关于大力发展电子商务加快培育经济新动力的意见》，专门将建立电子合同等电子交易凭证的规范管理机制和标准体系作为确保网络交易各方的合法权益，保障电子商务持续健康快速发展的重点工作。

随着电子商务的蓬勃发展，网络交易日益增多，人们对网上商业交易的标准化和规范性提出了更高的要求，此外，移动互联网和云时代的到来，使得电子合同的发展也越来越趋于移动化、远程化、在线化，随之而来的安全性问题也越来越受到社会各界的关注。因此，电子合同的未来发展趋势一方面是需要建立一套健全的标准化法律及规范体系，为解决因电子合同所引起的交易纠纷提供行之有效的法律依据；另一方面也需要加强电子合同相关技术方面的创新，为电子合同从产生到消亡的整个生命周期提供强有力的技术保障。

第六章
我国电子合同系统标准化路线图

第一节 电子合同系统标准化需求分析

信息化系统是一项复杂的系统工程，系统研发能否获得成功，其关键在于对需求的细化和准确把握。因此，将当前网络空间中各应用主体的需求进行明确分析和理解，并将技术和需求进行有效融合，将是电子合同信息化管理系统建设过程中的一项重要工作。在此基础上，电子合同系统的标准化建设需要从优化合同管理环节、加强合同数据管理、保证合同有效利用的角度出发，以确保电子合同的安全形成及司法效力为原则，并以实现合同管理与交易活动相结合、合同管理与文件管理相结合的电子合同管理机制为目标，以标准化为手段，建设适用于包括电子商务在内的各类交易活动的具有一定通用性的电子合同标准化管理系统。

第二节 电子合同系统标准化体系建议

从电子合同自身特性以及管理需求出发，针对信息化系统建设进行标准化、规范化改进，使得参与电子合同信息化管理系统建设和使用的各方都遵守执行相应的标准规范显得尤为重要。基于电子合同管理的特点，按照全过程管理的思路，这就要突破传统交易模式的合同方式，在其所包含的信息与传统合同保持一致的基础上，充分结合电子商务的快捷服务特点进行信息化系统建设，包括明确以下建设原则：

1. 规范性，基于合同所涉及不同行业的标准规范而开展系统建设，同时，电子合同系统标准化体系的建设还必须符合国家和工信部的相关标准，统一业务流程、功能，以及合同模板等内容。

2. 先进性，采用先进、成熟的开发技术，充分吸收国内外先进信息化系统建设经验，为提升其总体性能提供技术保障。

3. 开放、可扩展性，电子合同信息化管理系统在实际运行中必然涉及与其他业务系统对接、更新升级等问题。因此，系统的设计应以相关国家、行业标准为依据，以分布式开放结构为基础，提升系统的对外交互能力。

4. 安全性，电子合同信息化管理系统作为商业活动中重要的服务平台，在其运行过程中将产生大量敏感数据。因此，良好的安全机制对于电子合同信息化管理系统的建设至关重要。

第三节 电子合同系统标准化重点方向

根据对电子合同系统标准化建设需求的进一步分析，电子合同系统标准化的重点发展方向一是优化电子合同管理环节，保证电子合同的有效利用；二是通过规范化的技术应用提升电子合同系统的安全性，确保电子合同的法律效力。

目前，我国已建立了多种类型的将合同管理与交易活动相结合的电子合同信息化管理系统。然而，在电子合同信息化管理系统迅速发展的过程中，电子合同模板不统一、信息化技术水平参差不齐、使用功能差异较大、系统对接困难、维护成本高以及安全性不足等一系列问题日益凸显。分析造成上述问题的核心在于迅速发展的电子合同信息化管理工作缺乏规范化的指导。在突破电子合同信息化系统建设中的困难、促进其健康发展的过程中，提升标准化技术能力成为重要的技术手段。通过推动标准化工作来实现各类电子合同信息化管理系统在管理流程和内容等方面的规范性和一致性，将为加强电子商务交易活动监管提供技术支撑，并最终有效降低电子商务交易活动的成本和风险。

第四节 电子合同系统标准化实施方案

随着经济与社会的持续发展，标准落地实施的支撑手段也更加多元化和多样化。信息化系统建设作为标准落地实施的支撑方式之一，为贴近用户实际需求、解决用户实际问题提供了技术保障。对于电子合同信息化管理系统的建设者，以国务院印发的《关于大力发展电子商务加快培育经济新动力的意见》精神为指导，将标准化工作与系统建设相结合，统一业务流程、规范功能建设，进而实现降低网络交易风险和成本、提升电子商务交易效率，对创造安全、诚信、优质的电子商务环境，提升我国电子商务行业核心竞争力具有重要的意义。

第五节　推动电子合同系统标准化建设的相关建议

2016年12月，国务院印发了《"十三五"国家信息化规划的通知》，其中已将发展电子商务提到了国家战略层面的高度，而电子合同系统的标准化建设作为电子商务信息化发展的核心环节，需要按照科学规范、从严控制、保障发展的原则进行合理有效的推进。

1. 加快推进电子合同相关法规标准研制。相对于传统合同，在网络环境下，电子合同从形式到内容都发生了重大变化，传统合同法律规范已不能完全适应电子合同的需要。为适应网络经济发展的新形势、支撑电子合同系统标准化体系的顶层设计，加快制定和出台电子合同相关标准及法规应成为电子合同系统标准化建设工作的重点，包括制定切实可行的电子合同法律规范、管理制度、技术规范及第三方检测标准等。

2. 明确电子合同价值，拓宽电子合同应用领域。针对现有电子合同系统建设中不同解决方案的差异性和相关问题进行研究，充分了解和分析更多行业及领域对于电子合同系统建设的需求，明确电子合同的应用价值，不断拓宽电子合同系统建设的覆盖领域。同时，应联合业务监管部门、行业研究机构、应用集成商等相关机构，面向需求方和解决方进行双向调研，从而促进电子合同系统建设及其相关服务业务的标准化发展。

3. 重视电子合同技术方案创新。随着移动互联网的发展，以及电子商务应用的进一步深化，电子合同的应用场景和模式也在不断地扩展和演变，这种市场形势下，电子合同系统建设方及相关第三方需重视电子合同技术方案创新，以期为电子合同从产生到消亡的整个生命周期提供更强有力的安全保障。技术的创新是加速电子合同产业生态发展的核心驱动力，也是推进电子合同系统标准化建设的动力引擎。

附　录
我国电子合同应用反馈（专家访谈录）

杨东访谈录[1]

随着电子商务和金融科技的进一步发展，"互联网＋"时代已经来临，电子合同未来趋势是非常广阔的，新的技术应用也将弥补电子合同的缺陷，拓宽电子合同应用的广度和深度。未来，电子合同行业将取得极大的发展。

我参与了电子商务法的相关立法工作，在立法过程中也非常重视电子合同。电子合同在电子商务领域的进一步应用，将有利于明确权利义务关系，维护电子商务中各方主体的利益，特别是消费者的利益。电子商务行业的健康快速发展，将成为我国众多产业转型升级的重要突破口。快捷、便利、低成本、没有空间时间限制的电子合同将为电子商务保驾护航，促进其发挥促消费、稳增长的关键作用。

随着金融科技的发展，金融"触网"的逐步深入，越来越多的金融业态离不开电子合同。金融科技、互联网金融的发展，需要更加安全、稳定、可靠的电子合同的支持。电子合同能进

---

[1] 杨东，中国人民大学金融科技与互联网安全研究中心主任。

一步降低金融科技、互联网金融成本，也能使得金融更好地服务边远地区以及通过传统手段服务成本过高的群体，促进金融普惠。

未来电子合同的发展离不开一个关键词：区块链。不可篡改、无需信任维护的区块链技术将有利地增强电子合同的可靠性，帮助电子合同在金融等对一致性和可追溯性要求很高的领域提高可服务性。

区块链还提供了一个更好的愿景：区块链技术基于法律框架，可以提供一种预设的智能合约服务。在约束、规范、引导人们行为的同时，能够导入相应的技术手段，相应的技术方式使得交易信息更加透明和可追诉，确保了交易的安全和法律成本的降低，使得传统的手段更加低成本、更加安全。当然，区块链技术也需要相应的规制，比如对知识产权和个人信息的保护。在海量的电子合同交易过程当中，如何确保个人信息、个人数据等不泄露，且能够获得有效的保障是非常关键的问题。区块链技术虽是促进电子合同发展的福音，但同时也可能使行业面临新的风险，这是我们今后在实践过程中需要进一步去解决的问题。

吴光荣访谈录[1]

随着电子商务活动的发展，合同的形式也向无纸化发展，其中电子合同就是典型代表。我国学者对电子合同作出的定义，主要有广义和狭义两种。从广义层面来说，电子合同是指当事

---

[1]　吴光荣，国家法官学院教授。

人双方通过光电手段，或者通过互发电邮的方式，签订并且约定双方之间的权利与义务的合同。从狭义层面来说，电子合同就是指通过电子数据交换的方式，借助互联网渠道签订的合同。

电子合同的出现，给传统合同法律制度带来了挑战。为了迎接挑战，各国法律也都开始作出修改，力求通过更加完善的法律来规范电子交易活动。比如我国《合同法》中就将"数据电文"作为书面合同的形式。当前，电子合同在实践中遇到的最大问题，是电子合同的签名问题。传统合同订立时，需要当事人亲笔签名，以表明缔约内容符合双方当事人的主观意愿、证明该合同是合法有效的。但是在电子商务合同中，当事人亲笔签名显然是不可能的。目前采用的数字签名，是专门针对电子合同的签名方式，在一定程度上可以保证合同的安全性，同时保证法律对证据条件的要求。很多国家也从完善立法的角度，对数字签名的效力进行了认可。在联合国制定的《联合国国际贸易法委员会电子签名示范法》中，联合国对书面签名与电子签名的效力问题作出了详细的解释说明，即如果该电子签名足够证明签名人的身份，以及该签名是充分得到签名人的认可的，就可以认定为签名真实有效，是具备法律效力的。我国《合同法》第32条规定的内容主要针对传统交易行为，并没有涉及数字签名问题。在该法第33条中，提到当事人采用信件、数据电文等形式订立合同的，可以在合同成立之前要求签订确认书，来肯定本次的交易行为。从这一规定可以看出，我国《合同法》未对电子合同签名问题作出具体规定。有关电子合同签名的问题需要结合《电子签名法》来看。

关于在法律层面如何规范电子签名的问题，各国已形成较为统一的观点。例如，美国在《数字签名法》当中认可了电子签名所产生的法律效力。而我国《电子签名法》参考了国际上通行的立法，对电子签名的可靠性、认证机构、法律效力等问题都进行了较为详细的规定，肯定了电子签名的法律地位和法律效力。另外，我国的《民事诉讼法》也明确将电子数据列为法定的证据形式。虽然在司法实践中，仍然面临着电子合同管辖法院、双方当事人是否存在免责等诸多问题，但是电子合同的使用在互联网时代已是大势所趋，司法系统也需要不断加强对于电子合同、电子签名以及电子证据的研究和探讨，跟上实践发展的潮流。

钟晓东访谈录[1]

近年来，互联网经济的发展非常迅猛，尤其是电子商务和互联网金融的蓬勃发展，不断刷新着我们对互联网经济的认知。不可避免地，在互联网经济交往过程中也会产生一些纠纷，这些纠纷呈现出标的小额化、电子证据化、跨区域、对纠纷解决效率要求更高等特点，对传统纠纷解决机制提出了新的挑战。

首先，传统的审理方式受到地域和时间的限制，互联网交易当事人之间的纠纷只能在特定时间、特定地点进行开庭审理的模式与互联网经济随时开展和跨区域的特征相矛盾。其次，互联网交易中的证据多表现为电子证据形式，对电子证据的固化和采信规则提出新的要求。最后，传统纠纷解决方式审理期限长，与互联网交易快速进行的模式不符，不能满足互联网经

---

〔1〕　钟晓东，中国广州仲裁委员会网络仲裁部部长。

济对效率的要求。

中国广州仲裁委员会网络仲裁曾经处理过一个网络借贷纠纷案件，借款人通过某 P2P 平台放标，借款金额为 100 万元，来自全国各地的 28 个投资人投标，借款到期后，借款人未依约还款。我会受理该案件后，通过网络仲裁平台接收网贷平台上传的交易数据并进行批量立案，本会仲裁员经书面审理后作出裁决，从立案到结案用时 13 天。而如果通过传统的纠纷解决方式审理该案件，则由于地域和时间的限制，现阶段对电子证据的采信规则不完善、审理流程复杂冗长等问题，该案件的程序复杂程度难以想象。

传统的纠纷解决方式已经不能适应时代的发展，互联网经济的发展对纠纷解决的实体认定和程序设计提出了新的挑战。为此，中国广州仲裁委员会紧跟时代发展需求，推出了网络仲裁平台，制定网络仲裁专门规则，并通过网络仲裁系统在线审理了一批案件。于 2014 年开始着手推进互联网仲裁建设，正从筹备研发走向广泛应用。2016 年全部通过线上处理案件共11 621件（全流程网上处理）。

中国广州仲裁委员会网络仲裁已实现全程在线处理，同时设置灵活的线上线下转换程序，确保有效解决各类纠纷。

通过网络仲裁的方式审理案件具有传统纠纷解决方式所不具备的优势。网络仲裁可通过电子签名或第三方身份认证的方式确认参与主体的身份，对以计算机及互联网为依托的电子数据更加适用，并且采用电子送达的方式，可以大大缩减在送达上所花费的时间，有利于纠纷的高效解决，减轻当事人诉累。以前述我会受理的网贷纠纷案件为例，网络仲裁平台通过平台账号密码、手机短信验证码和身份证验证的方式确认仲裁主体身份，结合其他证据对第三方平台上传的电子数据予以采信，整个案件流程通过手机短信和电子邮件方式送达案件通知和案件材料，公正高效地处理了该仲裁案件。

与传统交易中应注意保存交易证据一样，企业应强化电子证据保全意识，在互联网经济活动全过程中均应注意电子数据的固化与保存。

在现有的技术条件下，企业可以通过电子盖章、公证、电子签名、时间戳、第三方证据托管、公正邮、电子档案等方式的组合采用来固化网络交易数据。

随着软 key 技术的运用，新成立了一些从事网络交易电子证据保全服务的机构，如法大大，通过提供身份认证、签约、第三方证据托管等服务，有利于提高网络交易安全性，为互联网经济的发展保驾护航。互联网企业引入法大大签约和证据托管服务，有利于在纠纷发生后厘清双方责任，维护企业利益。

在对法大大服务技术和服务内容充分考察了解的基础上，中国广州仲裁委员会网络仲裁平台在 2016 年 1 月与法大大达成了战略合作。通过法大大在线签约平台签署的合同和法大大证据托管平台保存的电子数据，在保证其签约主体、签约内容真实性的前提下，具有同纸质合同和纸质证据同等的法律效力。

在引入法大大电子合同之后，签约企业将可以直接在法大大平台通过"一键仲裁"向中国广州仲裁委员会提起仲裁，相应的电子交易数据通过标准化接口直接传输至中国广州仲裁委员会，最大化地方便在线仲裁的进行。

作为开网络仲裁先河的仲裁机构，中国广州仲裁委员会在经过充分的法律论证后引进法大大电子合同，在电子证据的认证上迈出了一大步，表现了面对新环境新情况时勇于创新的精神，也表现了作为老牌仲裁机构对法律底线的坚守。

程序访谈录[1]

近两年，我国的电子合同虽然才刚刚起步，在金融、旅行等领域刚刚小试身手，但已经体现出了巨大的价值，改善了商务效率，降低了商务成本。因此，也有必要简单探讨一下电子合同在 B2B 领域的应用前景。

1. 电子合同将是 B2B 电子商务平台的一项基础服务。在各类电子商务平台中，大致可以分为 C2C、B2C、B2B 等几类电商平台，不同类型的电商平台对电子合同的诉求是不同的。

（1）其中，C2C 平台的交易规则、违约责任、买卖家保障等基本上是由电商平台来制定的，电商平台是第三方平台，买卖双方都是平台的个体参与方，交易的商品以价值不太高的实物为主。因此，只要这些电商平台的规则公平且可执行，买卖双方都遵从这样的规则，是无须进行额外的合同签署的。

（2）对于 B2C 平台，就有所不同。有些电商平台就是商家自己建立的，有些是第三方电商平台，相对来说，企业商家更强势，而且交易的金额更大、内容更复杂。对于金额大的如汽车、不动产等，对于内容复杂的如装修、旅游、理财、保险等，就需要订立额外的合同来保障交易秩序，尤其是违约责任、买卖家保障。如果只是让用户同意一个网页协议，最终解释权还

---

〔1〕 程序，阿里巴巴 1688 大企业采购业务产品总监。

归商家，个人用户是非常担心的。此时，电子合同的应用空间就非常大，将交易信息以合同的形式固定下来，个人用户可以随时调用并进行维权。

（3）对于 B2B 平台，就更不一样了。有商家自建的电商平台，有采购方自建的电商平台，也有第三方电商平台。重点在于 B2B 平台交易的形式复杂，商品复杂，金额更大，电商平台只能提供比较初级的交易规则、违约责任、买卖家保障等，必须要买卖双方另行签署合同约定权益。例如企业采购 1 万吨螺纹钢，品质是双方另行约定的，是允许一定的不良率的，交期不同价格也不同，也是另行约定的，这些作为电商平台难以给出通用的交易规则，因此是需要买卖双方进行合同约定的。因此，对于 B2B 电商平台来讲，电子合同是一项基础服务，是买卖双方权益保障的基础工具。

2. 电子合同服务将使 B2B 交易更加高效。在过去的 B2B 交易中，买卖双方都是要签订合同的，只不过是纸面的合同。需要双方企业通过电子邮件进行合同的来回交互、编辑，定稿后，由一方先签字盖章，再快递给另一方，另一方再签字盖章，再快递回来。如果买卖双方可以通过 B2B 平台的电子合同服务进行合同签署，那么可以给企业带来几个方面的价值：

（1）节约时间。纸面合同的来回签署快递，少则三五天，多则半个月，商务很低效。用电子合同可以大大的节省时间，双方可以在 1 个小时内就完成合同的签署。

（2）节约快递费。按目前的市场价格，一个来回 20 元的快递费是需要的。用电子合同则节省了快递费用。

（3）环保。每年节省无数的纸张。

（4）数字化。不用再购置一堆文件柜进行合同的存放了，都电子化、数字化的电子合同，方便搜索，方便查阅。

以阿里巴巴 1688 平台为例，作为国内目前最大的 B2B 平台，电子合同的应用将帮助平台上的多种业务显著提升交易效率：

第一，大企业采购。在供应商认证阶段，企业有自己专门的《保密协议》《阳光采购协议》《反贿赂协议》《社会责任协议》等需要双方签署；在招标与交易阶段有《框架协议》《价格协议》《采购商务合同》等需要双方签署。对于有些管理非常严格的企业来说，在整个采购过程中有多达 40 多份各类不同的合同。在大企业中，合同是有严格的管理的，合同的范文、交互、评审、审批、签署、交底、履行、归档等，如果能够将合同进行在线化的管理和在线化的签署，将大大地提升企业的采购效率。

第二，淘工厂。以服装的定制加工为例，在换季时，淘宝的服装商家都是极其敏锐的把握时尚脉搏的。当天早上制作的服装版型，下午就通过 1688 平台下单到淘工厂，一晚上就能生产上万件，第二天就能在淘宝上架。整个产业链条是非常高效的，但是淘宝商家与工厂之间的生产合同总是晚一个星期，可以这么说，服装都生产完成并在网上卖完了，合同还没签署完成。此时，就特别需要电子合同服务，可以在下订单之前，完成合同的在线签署。

第三，五阿哥钢贸。钢材贸易对于物流、仓储以及第三方的委外加工等都有很多特殊的要求，都需要以合同的形式进行买卖双方权益的保障。有了电子合同服务，将对买卖双方效率有很大的提升。

3. 智慧化的电子合同将助力"新零售""新制造"。新零售可以完成从客户到商家的消费链路闭环，在各个环节通过大数据和互联网化进行赋能，实现每位消费者的可识别、可洞察、可触达、可服务，更多的满足每个消费者的个性化和商品、服务的定制。对于消费者不同的诉求，对应的权益保障也是不同的。因此，未来的电子合同也将是个性化的、定制化的，甚至是智慧化的，才能保障新零售过程的效率，实现更佳的用户体验。

过去的二三十年的制造讲究规模化、标准化，未来的三十年讲究的是智慧化、个性化和定制化。以一辆汽车为例，每个人的驾驶习惯不同，经常走的路况不同，使用汽车的用途不同……因此需要的汽车就是不同的。所以，所谓的新制造，一是要满足个性化，汽车要从工业化批量向个性化转化，二是汽车产品本身会更加智能化和数字化，三是汽车企业会有更多的向客户提供智能化服务的机会。汽车厂商的采购供应链环节发生了变化，服务的内容和方式发生了变化，供应商、合作伙伴、客户的权益也发生了变化，变得更加个性化、定制化。因此，未来的电子合同也将是个性化的、定制化的，甚至是智慧化的，才能保障新制造过程的效率和各方的体验。

4. 电子合同的推行需要一个社会培育的过程。2004 年我国的《电子签名法》就出台了，但在 13 年后的今天，电子合同仍然没有普及，不得不说法律走在了前面，施行走在了后面。经过粗浅的观察，我大致认为有三点原因：

（1）前些年数字证书成本太高。2012 年时某公司招标，有供应商报价一个数字证书 200 元，成本的高企是推行困难的主要因素。现如今成本已经大大地降低了。

（2）过去的技术不够成熟。数字证书的存放，以及合同内容的保密，这些问题都是用户特别关注的。这样的技术问题随着云技术、区块链技术的进步，已经在逐步地解决并达到可信任的程度。

（3）财税法相关人员思维的固化。时至今日，我仍然听到某高科技公司的法务人员说"这么重要的合同，不能在网上签!"。高科技公司的财税法人员，其实并不"高科技"。

所以，电子合同的推行是需要社会培育的过程的。就像 10 年前的支付宝，为了打消用户的顾虑，打出了"你敢付、我敢赔"的口号，才让千千万万的用户逐步地开始尝试。电子合同也需要像支付宝一样，打出响亮的口号，让用户放心地使用。

徐明强访谈录[1]

过去两百年多年间，蒸汽机、电力、电子计算机的发明和应用，引领了人类历史上的三次工业革命，带来了生产力的飞跃发展和人类社会的重大变革。今天，以云计算、大数据、物联网、人工智能为代表的一批技术正在迅速兴起，掀起了被称为"数字化转型"的第四次工业革命。

数字化转型，给全球各地、各个行业带来巨大的发展机遇。"数字化"的潮流一方面催生出了一大批新产品、新服务、新业态，同时也在推动传统服务理念、业务模式的更新。

---

〔1〕 徐明强，微软大中华地区首席技术官。

在众多"即将改变世界"的伟大创新之中，电子合同、数字签名，或许是个不起眼的小应用。但在数字经济、数字金融、数字生活迅速普及的今天，它却有潜力成为一项贯穿于工作生活众多应用场景的关键应用。

微软对电子合同相关技术的关注由来已久，并且一直在与这一领域的领先企业开展广泛的技术交流与合作。例如目前全球估值最高的电子合同服务商 DocuSign，在全球 188 个国家服务超过 2 亿用户，年均增长 135%，估值 30 亿美元。2014 年，微软就与 DocuSign 展开战略合作，在 Office 365 中加入了数字签名服务。与此同时，DocuSign 也选择了微软智能云 Azure 作为其拓展全球业务的首选云服务，并采用 Azure SQL 数据库来处理海量数字交易。

相对于海外市场，国内电子合同行业起步较晚，但发展速度惊人。以法大大为例，企业成立 2 年多的时间，其平台的日均合同签署量已经超过 100 万份，这在全球的电子合同签署平台中，都是相当惊人的数字。而且，中国市场对电子合同的需求潜力巨大，未来发展仍有巨大的想象空间。

2016 年起，微软与法大大合作，为 Office 365 用户提供基于区块链技术的电子合同快速签署与存证服务。Office 365 用户可以在 Office Store 应用商店中找到并免费添加电子合同加载项，在需要签署文件时，只需在 Word 界面中点击菜单栏中的相应按钮，就可以根据自身授权为文档添加电子签名，并上传至法大大存证平台。整个过程安全可靠、简单易懂，用户不离开 Word 编辑界面即可完成操作。此外，法大大以基于微软技术在本地运营的 Azure 为云端存证平台，以区块链技术分布存储多份副本，可以有效防止文件数据损毁丢失。

2016 年 8 月，法大大、Onchain 联合发起了全球首个商用电子存证区块链联盟：法链，由 Azure 为区块链发展提供从底层架构 IaaS、中层平台 PaaS，到上层服务 SaaS 的全方位技术支持，满足超过 26 种不同区块链的实现。法链将为企业用户提供完善的电子签名与存证解决方案，以先进的服务和平台解决企业流程繁复、商业风险控制、关键文件版本管理等多个痛点。

与法大大这样在电子合同领域具有独特优势的企业展开深入合作，能更好地发挥微软在云计算、区块链等领域的平台优势，并通过与 Azure、Office 365 等产品的结合，为中国用户带来更加丰富的功能和服务，为推动企业业务的数字化转型贡献积极力量。

张勇博访谈录[1]

近年来，随着我国《电子签名法》的颁布实施，各行业在互联网场景中开始逐步应用电子签名，企业或个人可以通过第三方电子合同平台实现在线合同缔约及证据托管等。但由于电子签名及证据托管等创新法律服务目前在国内尚未普及应用，部分用户对于电子签名的法律效力及网络信息的安全性存在担忧。并且国内尚无针对电子签名认证企业的商业保险，电子签名服务缺乏有效的保障。同时，近年来各种网络信息泄密事件频发，电子签名认证企业也迫切需要有关数据安全方面的保险保障。

----

[1] 张勇博，众安保险首席法务官兼董秘。

　　在上述行业背景下，电子合同及证据托管本质上是一种通过技术创新手段的法律服务，目的在于为用户提供更加便捷、安全的法律风险保障。结合法大大电子签名服务的特殊性，众安保险探索尝试通过法律费用补偿解决用户对电子签名法律效力风险的担忧。

　　2015 年，法大大平台向众安保险投保"信息技术职业责任保险"，由众安保险为法大大电子合同平台的信息安全风险及电子签名产品的法律有效性提供保险保障，这是国内首个电子合同平台引入第三方保险的案例。

　　电子签名风险的保障主要有两方面：一是如果用户因使用法大大的电子签名但被法院生效判决、裁定或生效的仲裁裁定确认为无效或不被认可导致败诉或部分败诉的，法大大会赔付用户实际发生且自行负担的部分的诉讼费、仲裁费以及律师费。众安会就法大大赔付用户的费用在保险限额内予以赔付；二是平台信息安全的保障：若因法大大不慎泄露在本保险合同承保的网站上注册用户的机密信息、侵犯用户隐私所导致的民事赔偿责任，众安会在保险责任内予以赔偿。

　　2016 年，众安保险再次携手法大大，共同研发推出国内首个电子合同法律险，此次针对的是法大大平台上使用在线电子签约服务的用户，用户投保以后，若因合同纠纷引起的一审民事诉讼或仲裁，无论用户是原告还是被告，都可以申请理赔，由保险公司指定的法律服务机构指派律师，并且由此产生的法律费用由保险公司在保额内予以赔付，这些法律费用包括诉讼费、律师费、公证费、鉴定费等。

　　这个产品还可以根据电子签名的不同互联网场景进行定制

化的产品形态设计，既可以由使用电子签约服务的用户自己选择购买在线投保，也可以由提供电子签约服务的平台结合自身产品作为签约服务的增值服务提供给用户。2017 年，众安保险联合法大大在原来的电子合同法律保险的基础上，与阿里云邮合作。结合阿里云邮箱产品，为使用阿里云邮箱服务的企业用户提供邮箱存证及合同保险保障。通过互联网手段，将法律保险嵌入企业日常商务往来的业务场景中，解决企业经营中最常见的合同纠纷法律风险，降低企业的法律维权成本。

众安保险在电子合同行业进行深度探索，不断填补国内法律保险的空白。与法大大达成的合作，不仅是互联网保险的创新，也契合了双方对"互联网 + 法律服务"的探索理念。

郭洪伟访谈录[1]

积木盒子系积木拼图集团旗下线上网络借贷信息中介平台，于 2013 年 8 月上线，2014～2015 年开始相继完成了 3 轮风险投资，小米、顺为、经纬、Ventech、Investec、淡马锡祥峰、海通证券等著名机构成为股东。作为北京市网贷行业协会副会长单位、上海金融信息行业协会副会长单位、中国互联网金融协会会员单位，积木盒子始终在行业中秉承并执行行规行约和各类标准，协调本行业企业之间的经营行为。

在经营发展过程中，积木盒子针对不同类型的产品特点和风险特征建立了覆盖全流程的渠道管理制度和项目贷前、贷中、贷后管理制度，防范欺诈风险和信用风险。作为业内第一家接

---

[1] 郭洪伟，积木拼图集团法务合规 VP。

入银行存管系统的网贷平台，借贷交易资金由民生银行全程存管，资金流转清晰、可查，交易真实、合法，项目披露尽职、合规，为平台用户提供安心服务。

网贷行业作为依托互联网环境发展起来的新兴行业，在传统交易场景下采用大量纸质合同的方式已经无法满足行业"互联网＋"的发展要求。完整电子合同服务方案的引入，可以更好地适应网贷行业的交易特性。采用电子合同替代传统的纸质合同，在业务环节中进行全流程电子化操作，无论在降低管理成本，还是在提高合同处理效率、优化服务体验方面，均具有不可比拟的先进性。

为适应行业发展要求、优化和提升服务能力，积木盒子于2015 年 12 月选择与法大大开展电子合同服务方面的全面合作。基于法大大平台高效签署电子合同并实现证据文件托管、采用实名认证技术、可靠的电子签名技术、时间戳技术、防篡改技术、安全的云端存储技术等核心优势，其为平台用户打造更优服务，提升网贷行业用户维权证据的证明效力和可靠性，切实降低了平台用户在实务中的维权难度。

与法大大合作的这段时间，也是积木盒子成长过程中自我完善与服务升级的重要阶段。特别感谢法大大在这个过程中给予的支持，能够在合作中不断关注行业的发展动态和合作伙伴的业务需求，用心倾听及时响应，用优质的服务助力发展！

郭华明访谈录[1]

自 2015 年起，中国 SaaS 行业迎来爆发式的发展。有业内人

---

[1] 郭华明，和盟创投投资总监。

士预计，到 2018 年，国内 SaaS 行业规模会达到 900 亿，年均复合增长率近 33%。电子合同作为 SaaS 中备受关注的一个领域，自 2014 年以来迅速崛起，包括和盟创投在内的投资机构，或高度关注行业动态，或积极抛出橄榄枝。

SaaS 类产品与大家熟悉的 C 端产品不同，它更专注于服务 B 端的 SaaS 产品是垂直细分的，对专业度、安全性要求非常高。由于紧密关系到企业的日常业务运作和企业信息安全，企业在做出购买使用的行为时会格外谨慎，决策周期也更长。SaaS 产品的开发者常常面临对用户做从零开始的市场教育的状况，像电子合同就是经历了较漫长市场教育的一款产品。

签合同是市场经济活动中非常重要的场景，缔结合作关系离不开签合同这个环节。传统纸质合同耗费大量人力、物力和资源，在管理上也存在非常大的压力，因而一种快捷、安全的签合同方式是现代市场经济活动的一个强烈需求。

随着移动互联网和云计算的普及，电子合同的广泛推广应用有了更坚实的支持基础，各行业逐渐认识到这个产品可以带来的效率提升和成本节约优势。尤其是大型企业，日积月累的合同归档、存储带来的压力越来越大，迫切需要一个安全、可靠的线上渠道来转移这部分压力。所以电子合同对于大型企业而言，可以说是刚需，电子合同在大型企业中被广泛采用，也是一个趋势。而在大型企业的带动下，与其合作的各类型企业也将逐步接触、认识到电子合同，并最终成为这个产品的使用者。

随着互联网的发展，电子合同作为契约的基础设施，进入到行业及大众的关注视线内，竞争也日趋白热化。我们可以看到，从 2016 年起，涌入电子合同行业期望"分蛋糕"的企业越来越多，不少大企业也闻风而动，或入股，或开发产品线。但作为一款商务性质浓重的协作类产品，行业先发者在市场上占领的网络效应是很难被撼动的。因为更换平台产品对于用户而言，成本是巨大的。

对比欧美国家的发展情况，中国目前的电子合同平台无论在盈利和业务规模上，都远没有达到与中国庞大经济市场规模相匹配的程度。但可以明确的是，中国在这个行业的市场空间十分宽阔。未来，电子合同如果能和支付、法律等有效结合应用，将会有更大的发展空间。